En caso de amor

En caso de amor
Psicopatología de la vida amorosa

Anne Dufourmantelle

Prólogo de Sara Torres

Traducción del francés de
Karina Macció y Fernanda Restivo

Lumen

narrativa

Papel certificado por el Forest Stewardship Council®

Título original: *En cas d'amour. Psychopathologie de la vie amoureuse*

Primera edición: enero de 2025

© Éditions Payot & Rivages, París, 2012
© 2025, Penguin Random House Grupo Editorial, S. A. U.
Travessera de Gràcia, 47-49. 08021 Barcelona
© 2025, Sara Torres, por el prólogo
Traducción de Karina Ángela Macció y María Fernanda Restivo, cedida por Nocturna Editora

Penguin Random House Grupo Editorial apoya la protección de la propiedad intelectual. La propiedad intelectual estimula la creatividad, defiende la diversidad en el ámbito de las ideas y el conocimiento, promueve la libre expresión y favorece una cultura viva. Gracias por comprar una edición autorizada de este libro y por respetar las leyes de propiedad intelectual al no reproducir ni distribuir ninguna parte de esta obra por ningún medio sin permiso. Al hacerlo está respaldando a los autores y permitiendo que PRHGE continúe publicando libros para todos los lectores. De conformidad con lo dispuesto en el artículo 67.3 del Real Decreto Ley 24/2021, de 2 de noviembre, PRHGE se reserva expresamente los derechos de reproducción y de uso de esta obra y de todos sus elementos mediante medios de lectura mecánica y otros medios adecuados a tal fin. Diríjase a CEDRO (Centro Español de Derechos Reprográficos, http://www.cedro.org) si necesita reproducir algún fragmento de esta obra.

Printed in Spain – Impreso en España

ISBN: 978-84-264-3132-5
Depósito legal: B-19319-2024

Compuesto en M. I. Maquetación, S. L.

Impreso en Unigraf, S. L., Móstoles (Madrid)

H431325

Prólogo

«Usted no podría jamás quitarse de encima el amor»

Que un libro contenga lo que la voz íntima de su escritora conoce, porque lo ha vivido, implica correr un riesgo. Implica un riesgo renunciar al sujeto neutro, incluirse en las frases que hablan de otros, desatar en lenguaje lo que la moral y el tabú retienen. En aquellos lugares de la sexualidad y el dolor donde occidente entrena el silencio, Anne Dufourmantelle invita al consuelo a través de la acción y la palabra. Como animales hechos de pulsión y lenguaje, enferma el cuerpo que calla precisamente aquello que más le mueve, aquello que no puede sortear ni de lo que podrá esconderse indefinidamente: el amor, la búsqueda de un siempre en parte perdido lugar de ternura.

Dos niños a punto de ahogarse en unas corrientes de mar. Una mujer de cincuenta y tres años que muere en su esfuerzo por salvarlos. ¿Quién era ella? La autora, entre otros libros, de *Elogio del riesgo* y *Potencia de la dulzura*. La interlocutora que anima a escribir a Charlotte Casiraghi. También quien invita a Jacques Derrida a conversar sobre la hospitalidad. Colaboradora del diario *Libération*, doctorada en filosofía y docente, la psicoanalista nunca abandonó la escucha, entendida como apertura a la posibilidad de ser transformada. Podemos decir que su proyecto filosófico fue el mismo aprendizaje de vivir atenta, sensible al dolor de los demás y que terminó su vida en coherencia con su trabajo, en el acto desnudo de estar disponible para la llamada y la necesidad de los otros. Escribe en *Elogio del riesgo*: «Vivimos bajo anestesia local, envueltos en celofán, buscando desesperadamente una sustancia o un amor que pueda despertarnos sin asustarnos». Frente a la anestesia diaria con la que nos defendemos de aquello que podría cambiar nuestra vida, el pensamiento de Dufourmantelle nos invita a ser atravesadas por el presente, actuar en el presente a riesgo de gozar con la otra, a riesgo de morir con ella. Decir verdad es tal vez comprometer el discurso y su posible recepción para rendir cuentas a lo vivo. Para crear un espacio simbólico que no limite la potencia, sino que la prodigue.

Como escritora, a Anne Dufourmantelle le importa que la lectora frente al libro esté viva y sienta, sea valiente, se agite, se transforme. Como psicoanalista, renuncia al tiempo de la moral y el escándalo, abre un tercer espacio para acoger la igualdad radical y la vulnerabilidad de los seres en cuanto que nacemos marcados por la dulzura y por el hambre. Como pensadora, señala la tradición occidental, con su sed de racionalidad y trascendencia, y trabaja en la elaboración de un pensamiento filosófico que tenga sus fundamentos en el cuerpo, sus potencias y su naturaleza sexuada. En la función argumentativa de sus textos, tiene tanto valor de verdad el concepto como el fantasma. En la dimensión estética, ocurre una seducción, un proceso de llamada y captación de los sentidos de la lectora a través del trabajo poético con el lenguaje.

«El texto que usted escribe ha de probarme que me desea», dice Roland Barthes en *El placer del texto*. ¿Qué podría significar una afirmación tal? El libro que sostienes entre las manos es prueba de este tipo de escritura que desea a la lectora y la acoge en un espacio afectivo. Hay una cesión del lugar del «yo» autor que se abandona para, en un gesto de cintura doblada y manos abiertas, atraer y consolar a quien lee, provocando y acompañando a través de la pasión, el misterio. Lo que Anne Dufourmantelle sabe de la lectora es que ha amado —es más, que casi todos amamos— y que, en el vértice de su amor, una pupila de huracán abre el acceso tanto a la dulzura de la satisfacción erótica como a la angustia.

El misterio movilizador

Según aparece registrado en su escritura, cuando la autora llega al espacio de la consulta lo hace dejando en su cuerpo un espacio vacante para que pueda expresarse el misterio de la otra. La psicoanalista llega dispuesta a dejarse conmover y transformar por las vidas de los otros, las pasiones alegres y las dolorosas, el estremecimiento propio de la culpa y la duda. En su trabajo, el acto de revelar implica quitar los velos, pero no hacia un acto final, sino a través de un presente continuo que señala el esfuerzo. En la lectura de los distintos capítulos, escuchamos relatos que cuentan historias de relación con la pasión amorosa sin que nada quede del todo al descubierto. El texto, con su hospitalidad hacia lo aún impronunciable, se mantiene revelando, en la sugerencia, la sospecha. Comprometido con la acción humilde de probar la mirada, y seguir mirando allí donde el tabú nos sugiere apartarla.

En la nota de las traductoras de *En caso de amor. Psicopatología de la vida amorosa*, publicado por primera vez por Nocturna Editora, Fernanda Restivo y Karina Macció reflexionan sobre la necesidad y la dificultad de no simplificar o sintetizar el significado de la obra de Dufourmantelle en el momento de compartirla con una comunidad que aún no está familiarizada con ella. Lo hacen con estas palabras:

> No buscamos dar claridad a lo que ha sido escrito con la *noche* y que, jugando con el lector, lo lleva a través de las oraciones como si armaran un laberinto. [...] Cuidamos la opacidad, el misterio que se trama en el discurso, que busca «mostrar» más que explicar.

Al hablar del amor de los otros, aquello que los moviliza y los sacude, lo que los mantiene a la vez vivos y llorando, se despliega en su obra algo parecido a un bosque acogedor y salvaje al mismo tiempo. ¿Es esto posible? Parece que la modernidad quiso hacer incompatibles la habitabilidad y lo oscuro, el avance y el suelo no pavimentado, las potencias de trayecto no marcadas por caminos de límites explícitos. No siempre es sencillo, ilumina sin ser claro: leer a Dufourmantelle hablando sobre el amor precisa de un pacto de misterio.

El deseo, parece pensar Dufourmantelle —aunque encuentre anclaje en imágenes reconocibles y lugares comunes, aunque sea plástico y solidifique al contacto con determinados acontecimientos que marcan un antes y un después para el sujeto—, no puede reducirse a un lema, una frase o una moral de turno. Habita la contemporaneidad, pero nunca va a existir solo en conversación con su propio tiempo. En él se expresarán conflictos e intensidades pasadas, que hablan en lenguajes antiguos que pre-existen a la subjetividad consciente y nos vuelven extraños para nosotros mismos. El deseo no podrá ser nunca igual a su proyección estática en la idea de identidad, moral de turno o proyecto de vida. Ya sea este proyecto de corte revolucionario, queer o feminista. Nuestro deseo está hecho también de la esperanza y el terror de nuestras abuelas. Su búsqueda no puede reducirse a una lista de preferencias o a un lema, aunque el capitalismo actual se valga de lemas y listas para identificar consumidores y servirles su consumo, ya sea cultural o de otro tipo.

Mientras nuestro sistema económico-cultural demanda veinticuatro horas de luz, la extenuación alcanzada por un encadenamiento de días sin noche, la obra de Dufourmantelle provoca el tipo de despertar que ocurre tan solo cuando se ha dormido lo suficiente, o lo que de forma despectiva llamaríamos «dormir demasiado». El cuerpo que abandona la actividad productiva obligatoria, su deber con la maquinaria externa, se vuelve rumiante y utiliza su energía para mirar de frente aquello que le aflige, que le aleja de la alegría y le compromete en relaciones de sacrificio. Como deseante, lo que rumia el cuerpo es el misterio que lo moviliza, la *pulsión de dulzura* entreverada en una serie de ecos encadenados, esperanzas propias y ajenas, miedos y promesas que existieron incluso antes de su nacimiento.

Renunciar al síntoma, arriesgarse a la alegría

«El síntoma protege el lugar mismo del deseo».

Quizás la lección más valiosa que nos da su obra es que para vivir hace falta atención amorosa y entrega, también en el dolor. Y es que, frente al dolor insoportable, que colapsa la vitalidad, el sujeto despliega a veces una estrategia de desensibilización. Pero este estado, que por momentos podría considerarse afortunado, puesto que nos aleja de cierto sufrimiento bruto, conlleva una pérdida grave: como «la emoción se encuentra desconectada del sujeto, ya no hay modo de saber si él sufre, si está contento o triste, enojado o aterrado, se cree invulnerable y puede por tanto ponerse en peligro de verdad» (84). Asumir el riesgo de desautomatizar nuestros estados defensivos y atrevernos a sentir es el modo de protegernos del verdadero peligro que es la negación de la propia vida íntima.

En las distintas historias humanas que atraviesan *En caso de amor* vemos cómo la lucha del organismo por conservar su vitalidad a veces se apoya en la repetición defensiva. La repetición de violencias del pasado construye nuestro presente de formas casi nunca evidentes para quienes lo vivimos. La psicoanalista ofrece reconocimiento y consuelo en la repetición. Con estas palabras acompaña el miedo nocturno de Élise, la mujer que de niña aprendió de sus padres que el amor es la guerra:

> La repetición es una legitimación. Usted repite sobre todo aquello de lo que quiso huir, eso que le ha hecho sufrir, pero ¿por qué? Para de alguna manera perdonar. Legitimar retroactivamente un sufrimiento pasado. Nadie es culpable, ni usted, ni ellos, no podría haber sido de otra manera, la vida es así. Como si la fatalidad señalara la posibilidad misma de la supervivencia. Esta lealtad nos enceguece, nos desborda. Es como un instinto sacrificial que haría remontar la escena traumática tan bien enterrada desde el limbo hasta el presente. Usted cree reparar, y ahí donde pone más energía en no repetir lo que han hecho sus padres, vuelve a entrar en sus trazos, sin que se dé cuenta nivela el suelo y los perdona haciendo como ellos (77).

Frente a la estabilidad de la repetición de los gestos y de las dinámicas conocidas, Dufourmantelle nos invita a mirar hacia lo nuevo como «un riesgo prodigioso» (95), de una fuerza capaz de desafiar a las neurosis que nos alejan de la realidad creativa, puesto que la neurosis pone su energía en reelaborar el pasado, y no puede más que inventar sobre «lo que ya fue hecho o vivido» (95). Si bien volvemos atrás para comprender y reconciliar, también hemos de ser capaces de interrumpir la lealtad hacia el pasado para permitir entrada a lo nuevo, para correr el riesgo de ser diferentes, apasionarnos y conocer dolores distintos, nuevos acontecimientos que, encontrándonos sin defensas, sean capaces de revolucionar nuestra idea de mundo: «Renunciar al síntoma es exponerse a la vida desnuda» (89).

El cuerpo deprimido se cierra en su malestar, no proyecta gozo alguno en la idea de un encuentro. «¿Quieres salir de la tristeza? Entrégate entonces a la posibilidad de dolores nuevos», parece decir este libro. Una actitud hospitalaria con la vida requiere apertura al acontecimiento, uno que al mismo tiempo siempre nos entrega y nos desposee: «Porque la intensidad intacta del acontecimiento solo cuando soportamos probarlo, no está más tamizada por la edad, la razón, la comprensión que podamos tener, estamos frente a él como un niño» (103). Como niñas, acudir a *En caso de amor* es implicar el organismo en un proceso de revelación, y no porque un concepto o idea precise ser revelada, sino porque encontramos en él la honestidad bruta de otro cuerpo comprometido con su práctica, la de ponerse en riesgo —en el amor y el lenguaje— para poder por fin vivir a salvo.

Sara Torres, Nueva York, octubre de 2024

Enedeté
(N. de T. / Notas de Traducción)

Esta traducción no hubiese existido sin un encuentro.

Jamás sabemos cuándo pasan los encuentros de palabras y de pensamientos, pero podemos decir que cuando así sucede, es fértil, fuerte y se inician espacios de creación nuevos que trascienden nuestra imaginación.

Anne nos mostró en acto lo que es decir *Sí*: al encuentro, al evento, a lo que llega sin huellas de identidad, sin gramática. Ella no nos pidió ninguna documentación, ninguna prueba de la identidad. Aceptó la invitación a ser traducida, a poner en juego esta especie de violenta traición cuando no hay en tu lengua palabra equivalente. Estamos a pura pérdida. Lo único que vas encontrando es una manera de decir que reponga lo dicho e intente, a tientas, arrimar una tonalidad, una cadencia de la escritura. Arrimar. Solo a *rimar*, en el encuentro del francés y el castellano.

Anne estaba deslumbrada con las cosas de este mundo, sorprendida ante cada gesto, cada palabra. Nada se acomodaba a algo que ya había visto o escuchado. *Todo está naciendo constantemente frente a sus ojos.* Y fue así que aceptó, con la alegría de los que practican la hospitalidad a lo imprevisible, a lo inédito, a lo que pasa, a la vida. Nos dijo que el español era su lengua del corazón, la que ella había elegido. No la que le había tocado por su padre ni la que había recibido por su madre. Otra lengua. Una lengua extranjera que llegaba desde los veranos de su infancia. Entonces, otra lengua elegida, un encuentro. Le parecía maravilloso que fuésemos un conjunto de personas las que lleváramos a cabo la aventura de traducir *En caso de amor*. Así, su voz atravesaría varios cuerpos y esto daría más vida al texto, dijo.

De pronto, las mesas nunca alcanzaban, el mate, platitos, tazas y copas desbordaban hacia alfombras, sillones, bibliotecas, escritorio y hojas. A veces sol, a veces lluvia. Desde otra lengua viajan palabras de amor y de abandono, somos sacudidos por los paisajes de una escritura que palpita, que escribe historias secretas tejidas entre dos. Ese *entre dos* que sucede en la habitación de un analista cuando tiene lugar el evento del amor que llamamos «transferencia».

La escritura de Anne consigue la gracia de estar en el concepto y al mismo tiempo tocar el cuerpo. Cómo traer, entonces, a nuestra lengua esa materia sonora tan sutilmente enhebrada, tan desprovista de «jargon» y tan llena de referencias literarias, filosóficas, psicoanalíticas, musicales. Ella sabía que cuando se traduce cada uno pone en juego su manera secreta de sentir. Así lo hicimos.

Hemos intentado estar a la altura de la precisión de su frase, apreciando la medida de su paso, el decir de su ritmo y del tiempo que necesita para pronunciar la transmisión de su cuerpo textual. Buscamos conservar la textura, su palabra poética y profética, su entramado psicoanalítico, la búsqueda infatigable de ese punto agramatical que permite la revuelta. Un giro que va desde la fatalidad a la libertad, una lectura de esa pequeña diferencia que puede producir una *variación* —en el sentido musical— en una vida.

La lengua de *En caso de amor* sostiene un estilo poético y trabaja en la polisemia del francés, constituyéndose en un desafío para el pasaje al español. Creemos que cualquier traducción es una interpretación, pero a la vez pretendemos que la voz de la autora pueda franquear esta operación y hacer eco en la lengua de llegada. No buscamos dar claridad a lo que ha sido escrito con la *noche* y que, jugando con el lector, lo lleva a través de las oraciones como si armaran un laberinto. Intentamos respetar al máximo la «literalidad» porque la figuración la realiza quien lee. Cuidamos la opacidad, el misterio que se trama en el discurso, que busca «mostrar» más que explicar. Por esta razón, muchas veces se puede escuchar el francés latiendo detrás del español.

Esta traducción no hubiese existido sin un encuentro.

«Cuando escribimos estamos en un estado de ser en el cual lo conocido se comparte con lo desconocido (y lo más íntimo), y tal vez en la lectura ¿sería lo mismo? No sabemos las raíces que deslazan nuestros sentidos, pensamientos y afectos cuando nos cae una escritura amiga», escribe Anne, en una carta que forma parte del intercambio epistolar que mantuvimos durante el proceso de traducción.

«Deslazan», inventa, y justamente es eso, la necesidad de hacer chocar dos palabras, dos lenguas, dos mundos, que además no son dos, sino todo lo que traen, porque el enlace está puesto en evidencia en ese encuentro. No hay palabra en el otro idioma, pero sin embargo algo aparece. Dejar que surja lo desconocido, que enlace con lo íntimo, que conecte con lo sentido, ese es nuestro deseo, haber logrado una escritura amiga. La traducción continúa. Ahora es el momento del lector. Para vos dejamos un cuerpo textual, este laberinto: quizás descubras en lo conocido lo desconocido, alguna luz sobre el evento del amor.

Karina Macció
Fernanda Restivo

A Frédéric

Me prendí fuego en tu paz.

SAN AGUSTÍN, *Les Aveux*

Mina Tauher

Ella es sin edad, el cabello recogido tras la nuca, un traje color neutro. Su rostro porta los rasgos de la ausencia, como si ella no estuviera verdaderamente allí. Avanza en la habitación, cada uno de sus gestos es mesurado. La vida amorosa parece no ejercer ninguna ocupación sobre ese cuerpo. Su belleza es formal, sin ningún signo que pudiera, desde el exterior, identificarla. Atrincherada, piensa la analista que la mira entrar, decir buen día y excusarse de su ligero retraso.

—Yo querría que usted me quitara de encima el amor.*

Su voz inexpresiva se parece a la de esos locos en los que el delirio no mantiene en apariencia ninguna relación con el sujeto tratado —como si debiera arriesgarse al descubierto sobre un campo de minas. Esto no se trata nada más que de un primer encuentro, como solemos decir. No con un amante, con un psicoanalista.

Ella, la psicoanalista, no puede impedirse la sonrisa. Sonreír ante esa declaración. Declaración de una mujer que no deja alterar

---

* *Debarrassiez* en el original, «desembarazarse», sería la traducción literal. Usamos la expresión «quitarle de encima» ese estado embarazoso (el amor). Nos parece que se ve más la imagen y la imposibilidad de hacerlo uno mismo. [N. de T.].

en el afuera ni su voz ni su mirada. Ojos azules defendiendo un espacio asediado. Ellas son dos, sentadas cara a cara en la intimidad de una habitación que las lámparas protegen de la oscuridad.

—Yo seré incapaz, señora.

¿Deponer armas? Los filos se bajan. El silencio se eterniza, ocupa todo el campo. En el corredor, una puerta golpea. Ruido de llaves. El vecino del palier, se dice la psicoanalista. Ese al que los hombres y mujeres cruzados en llantos a veces en la escalera parecen no molestar demasiado.

—… Pero quizás puede decirme lo que usted entiende por amor.

—Es por eso que vengo. No quiero saber nada del amor, yo querría que usted pudiese evitarme toda relación con eso, de ahora en adelante [*dorénavant*].

—¿Entonces habría un «antes» [*avant*]?*

La mujer se inclina sobre su bolso de mano que apoyó contra el sillón —es voluminoso, ¿bolso de viaje larvado? ¿Para qué la salida? Ella se va a ir, se dice la psicoanalista, levantarse y partir. Pero no, ella retoma la palabra, sin mirarla.

—No estoy enferma ni delirante, solamente triste. No tengo intención de hablarle de mi pasado, no tengo nada para revelar de eso que le interesa a priori a su profesión. Vine a verla porque la escuché un día por azar en la radio y amé su voz, me dije que usted podría ayudarme, eso es todo.

Es la psicoanalista, a su turno,** quien es ganada por la tristeza. Está desolada, ella querría poder decirle muy simplemente:

---

* La psicoanalista extrae *avant* de una escansión de *dorénavant*, en castellano «de ahora en adelante». [N. de T.].

** *Tour* en el original, en francés significa también «torre», «circuito», «vuelta»; una «estratagema», una «jugada». [N. de T.].

«Quedémonos juntas un poco más, no la conozco, lo que usted me pide no se lo puedo dar, eso no está en mi poder, lo querría yo para mí misma y no podría, pero quédese, hablemos un poco…».

La mujer está de pie ahora, su bolsa en la mano, desamparada. La psicoanalista no se levanta para acompañarla hasta la puerta. ¿Es que todo comienza siempre por este desasosiego? ¿El amor, la amistad, la aversión, la curación, la traición? Esta efracción en sí de lo otro. Este pensamiento de un otro que se apodera de usted. Una emoción toma cuerpo, algo toma cuerpo, algo toma lugar.

Permanecen en silencio, no por demasiado tiempo. Es la mujer quien pone fin a la sesión, con el mismo detenimiento con que llegó.

—La volveré a llamar —dice desde la puerta—. Me llamo Mina Tauher.

La psicoanalista apaga la lámpara, guarda los papeles, se retrasa. La voz de esta mujer no la deja, la manera, sobre todo cuando ella ha dicho: «Yo querría que me quitara de encima el amor». Podría decir el principio de un cuento. Alicia extraviada en ese mundo mágico, no importa cuál sea el pedacito de pastel que comemos, estamos siempre o demasiado grandes o demasiado chiquitos, el Conejo Blanco no tiene el tiempo de respondernos y la sonrisa del Gato de Cheshire se borra de manera inquietante.

Queda esta cosa a la que ella llama «el amor». Releer Flaubert, piensa ella mientras llega la noche. Crueldad de la educación sentimental, texto implacable. ¿Y esta mujer? Una presencia difusa puede infundir en sí con insistencia, quizás porque, pese a su demanda, ella rechazó de entrada toda apropiación, toda interpretación, porque también en su demanda absurda había infancia desordenada, entregada en bloque. «Yo querría que usted me quitara de encima el amor». ¿Pero qué imaginaba ella... que no estaría clavada como los otros a la dependencia del amor, a sus convulsiones de parturienta, a su mala fe, sus ataques de celos, su instinto de posesión animal, su ley del más fuerte, su idiotez?

Algunos días más tarde ella recibe una carta.

> Escuché su voz y la amé. Buscaba en usted una hermana, quiero decir un alma gemela, y no encontré más que una psicoanalista segura de su saber. Es un malentendido, como hay tantos, banal en suma. Pero no sé más si tengo ganas de continuar totalmente sola.

Inmediatamente, ella sabe que debe encontrarse con ella. Adivina la amenaza sinuosa, sibilina, de renuncia. Relee esta última frase y marca su número de celular que anotó durante la cita tomada.* Una vez que el pensamiento de la muerte te agarra con el pico,** no te larga fácilmente. La muerte es un cazador que sabe esperar paciente por mucho tiempo y no abandona una presa a la que hizo una seña una primera vez.

—¿Podría usted venir mañana? A las ocho.

Mina Tauher acepta. Y la psicoanalista se dice que de nuevo los roles están invertidos. Es ella, Mina, quien tira este «sí» breve

---

* *Prise* es un sustantivo que significa «toma», «ocupación». Traducimos como participio pasado porque como sustantivo no hay forma de que en castellano sea legible. [N. de T.].

** El primer sentido de *happe* es «agarrar con el pico o con la boca». Se utiliza para las aves. Es por ese motivo que hemos decidido especificar que es con el pico, para que pueda verse la imagen. [N. de T.].

de los analistas a sus pacientes, quien decidió el fin de la primera sesión, quien se levantó primera significando así el fin de la conversación.

Es ya de noche cuando ella llega. Es la última cita. Las lámparas dejan partes de sombra alrededor de las grandes bibliotecas saturadas de libros. Esta vez queda silenciosa, y es que ella, la psicoanalista, lo que recibe a cambio de ese silencio es la inminencia de una catástrofe, de toda la emoción contenida que va a desbordar en la primera palabra.

—Usted no podría jamás quitarse de encima el amor, comienza, rompiendo ella misma el silencio en menosprecio de las reglas freudianas más elementales. Nosotros venimos de allá, del enlace, nacemos acordonados como los alpinistas, amarrados a un vientre, un alma, las tripas, una voz, nosotros venimos de a dos, nosotros morimos solos, esa es una certeza, y para nacer es necesario pasar por un desgarramiento del que no tenemos ni idea; si es de este amor del que usted habla, no hay nada que hacer, está en sus pulmones, su cerebro, en lo más mínimo de sus gestos, la preexiste a usted y, sin socorro alguno de ningún dios, él está enraizado en usted como la marca del primer enlace. Y también si su madre la hubiera rechazado, abandonado, odiado, lo que yo llamo acá «amor» es la posibilidad de un soplido que hizo de usted un ser viviente antes, vivo y esperanzado.

Ella se calla, dándose cuenta de que habla para impedir que esta mujer se arroje a la muerte, que esto es presuntuoso e infantil a la vez, que esto no es lo que se espera de un analista. Mina Tauher la mira, apaciguada, le parece.

—Oh, no, para mí no es tan grave... Yo amé a un hombre y yo creí, sí, morir cuando él me dejó. Eso pasa todos los días, ¿no es así? Solamente que esto fue hace veinticinco años y no me recupero. Construí mi vida para que jamás este dolor pudiera regresar y doy vueltas totalmente sola en esta casa fantasmal.* Ya no oso más acordarme de nada y no sé si esto que viví fue verdad. Es una mala película de espanto. A cada crujido yo creo que eso va a volver...

—¿Eso?

—Sí, esta cosa, este amor insoportable.

En ese instante ella es más fuerte, su voz se posa en la penumbra con seguridad, manteniendo más lejos el fantasma que evoca sin nombrar.

—... Después amé mujeres, perdón, deseé y compartí momentos de mi vida con mujeres. Yo no conocí ningún otro hombre que él. Habría podido tomar el gusto a estos encuentros, vivir con algunas de ellas, vengo de separarme de la última, una música, porque no puedo darle nada, ni cariño, ni promesas, ni porvenir, soy estéril de todo futuro con quien sea y estoy cansada. —Ella levanta la cabeza, no me va a decir que debo elegir — que yo soy homosexual, los hombres y las mujeres... Esa no es la cuestión, ¿me entiende?

La psicoanalista no responde.

—Es del amor que tengo miedo, querría que él no volviera jamás, pero no hago más que esperarlo, toda mi vida está suspendida en esta espera catastrófica. Ya no puedo más. Ya no llego.

—Me encantaría ayudarla. No sé si puedo.

—Voy a intentar hablarle. Veremos...

La psicoanalista se dice que decididamente la paciente tomaba el lugar que ella debería haber tomado con mesura y circuns-

---

* *Hantée* se usa en la expresión «casa embrujada», «castillo encantado». Elegimos traducir «casa fantasmal» porque el verbo *hanter* figura el tormento de ser perseguido por un fantasma. [N. de T.].

pección, mientras que ella misma se lanzaba hacia la palabra con una impaciencia para nada disfrazada. Frontal.

—¿Mañana, a la misma hora?

—De acuerdo.

De esta forma, ella volvió. Extrañamente, el encuadre no se fijaba nunca, se le escurría entre sus manos. Cada una de las sesiones se fijaba en relación a la siguiente, a veces al otro día, a veces una semana más tarde, a veces dos, tres días, a veces dos veces en el día, tarde en la noche. Mina Tauher se presentaba con una puntualidad de metrónomo, ponía sus billetes sobre la mesa antes incluso de tomar su lugar frente a ella, en el sillón. Sin estado de ánimo, jamás una queja, evocaba las cosas con precisión, como si todo eso no la tocara más que de muy lejos. Tenía una memoria extranjera y familiar a la vez, acumulaba en ella como una habitación de archivos.

—Yo tenía diecisiete años, él era mi profesor de violín. Decían que era superdotado, él llegaba siempre con retraso, se preparaba para concursos que terminaba ganando. Rápidamente nos enamoramos. Tenía diez años más que yo, tenía una amiguita y un gato. Su familia era rusa y mezclaba el francés con palabras de su lengua materna, eso le daba un estilo, me imagino. Me dejó el día que cumplí veinte años, porque no quería arruinarme la vida, dijo él. Fue lo que hizo, definitivamente.

A la psicoanalista le cuesta mirarla hablar, hay una extraña obscenidad en esta boca que sin embargo habla en voz baja, sin siempre articular bien las palabras. ¿Por qué? ¿Qué tiene en esta boca para que a ella le cueste tanto mirarla fijamente, qué busca ella disimular, su voracidad? Bajo esa calma aparente, esta neutralidad sin eco, una mujer apasionada grita, es tal vez ese grito en el que ella ve deformar esta boca sin que ningún sonido la distorsione.

—... Al principio me hice cargo del golpe, no lo vi venir. Me concentré en mis estudios, yo era muy brillante, entonces era fácil. Luego vino esta chica que me gustaba, una estudiante de arte que también hacía el examen para ser curadora, nos preparamos juntas, luego dormíamos una contra la otra y terminamos por hacer el amor casi sin haber pensado, creo; hubo deseo, es cierto, era ligero, estábamos concentradas en el examen, conseguimos aprobar las dos, lo conseguimos las dos, y ese fue el fin de la historia aquel verano. No pensaba en nada, Serge volvía en mis sueños con una paciencia pendular, y yo estaba medio muerta, creo. Había adelgazado muchísimo, me llevaron a consultar a los médicos, ellos hablaron de anorexia por lo que tuve que comer para tranquilizarlos, sin tener hambre jamás. Mi hambre desapareció con él. Nunca más encontré, ni a él ni ninguna otra hambre verdadera. Pero entendí que era más fácil ser razonable, te dejan tranquila...

Sesión tras sesión, ese cara a cara no se parecía a nada que la psicoanalista conociera, como si todo se deshiciera a medida que ellas avanzaban juntas hacia los territorios sin memoria. Nada sobre lo que pudiera fundar la mínima esperanza de intercambio, de verdad, de metamorfosis posible.

Un día la psicoanalista tuvo que partir para un coloquio cruzando el Atlántico. Avisó con anticipación a todos sus pacientes —salvo a una a la que olvidó decírselo. Y que vino. Encontró la puerta cerrada. Se fue dejando una nota: «*Usted no está acá, creo*». Era Mina.

Desde su retorno de Nueva York, ella esperó su llamado, pero ya sabía de antemano que la partida era muy difícil. No hizo nada sin embargo. Con cualquier otra paciente, habría actuado diferente. La habría llamado, se habría excusado. Después de todo, era responsable de este olvido. Sin embargo deja pasar los días, las noches de los viernes se sucedían. No recibe ni mensaje ni llamado. Hasta que un lunes de noviembre Mina Tauher se presenta, como lo había hecho tantas veces, a la hora que solía venir —la noche, la última cita. Y esa misma noche, Mina Tauher finalmente le habla. De su atracción por los cuerpos de las mujeres, de su imposibilidad de amar con la acreditación sobre su pecho como un pase libre que le da derecho a todas las extravagancias. Las mujeres, ella dijo, fueron adecuadas para olvidar a Serge, el primer amante. Después de todos esos años, ¿por qué tener necesidad de tal mentira? ¿Por qué esta fijación, de qué le sirve a ella?

El síntoma protege el lugar mismo del deseo, le permite al inconsciente guardarlo escondido, resguardado de los avatares de la vida y de la violencia de las emociones. Se fija sobre este hombre perdido para siempre, así evita pensar, amar, estar en el presente, poder hacer lugar a lo inesperado, quedándose acurrucada sobre un tesoro en polvo, como un bebé en espera del retorno de su madre, e impide vivir otra cosa más fuerte que esa espera.

¿Pero quién puso así la espera en el corazón del dispositivo, qué lealtades secretas conservaba ella con tanta obstinación? Mina Tauher no aceptaba hablar de sus ancestros más que a regañadientes, ya que todo lo que se situaba antes del acontecimiento (el abandono de Serge) era nulo y sin valor, ya que la vida comenzó y se terminó allí, sin remisión posible. Fue así con cuentagotas que ella pudo recoger los elementos de su historia «de antes», muy antes...

No era más que cuestión de esperar. Durante la guerra de 1914, su bisabuela esperó a su único hijo, quien partió al frente alemán a los diecisiete años, mientras la obsesionaba la idea de enterarse de su fallecimiento. A ella se la llevó la gripe española días antes de que su hijo volviera del frente, ya que él atravesó la guerra milagrosamente indemne de toda herida grave. Este hijo, el abuelo de Mina, no tuvo más que un hijo, Max, un poco antes de los cuarenta años, de una joven heredera rusa con la que estuvo casado durante un breve tiempo, a la que pierde. La joven mujer tenía tuberculosis, ya no se moría de tuberculosis y sin embargo así muere ella, escupiendo sangre como en las novelas rusas, mal curada y probablemente agravada por un parto difícil. De su abuela rusa Mina no guardaba más que una foto y una impresión muy borrosa de dulzura y de inaccesible melancolía. Encontraba en los cantos tradicionales rusos material para llorar noches enteras. Ella, que no dejaba jamás que la emoción la desbordara, cedía a las lágrimas desde el primer aire de balalaika. Dolor mezclado con un extremo nerviosismo y excitación que la llevaba a buscar en esos malos cabarets gitanos, como en otros, un poco de droga para terminar la semana.

Este abuelo soldado milagroso intriga a la psicoanalista. O más bien este encuentro fallido entre una madre y su hijo parece una intriga amorosa mal anudada. Algo de incestuoso flota en los escombros de esta historia, en los blancos de la memoria, los *impasses*. Este encuentro fallido dice de una emoción demasiado violenta para estar contenida, algo que se estrangula en la muerte más que en la vida. Nuevamente esta joven tuberculosa, que apenas casada se embaraza enseguida y al mismo tiempo muere por una enfermedad de la cual ya nadie se muere. Extraña pena... Piensa como si fuera en los lazos de su propia genealogía que habría residido el misterio. Una noche tuvo un sueño. Se encuentra en una trinchera llena de soldados muertos y de algunos sobrevivientes agotados. Espera, parece, la orden de una misión que le van a transmitir y que no llega —en concreto la misiva debería decir: «Usted puede reunirse con el estado mayor, replegarse. Sobrevivir». Ella es entonces una mensajera. Pero nada llega. Le ordenan volver con la ambulancia, dejar a los otros allí. A su lado un herido en la cabeza agoniza, él muere durante el trayecto.

Ese sueño la angustió mucho. Al principio, ella no lo enlazó con la historia de Mina, busca en su propia vida qué significa esta espera vana de ese mensaje que no llega. Piensa en la vanidad de su profesión. En sus frecuentes fracasos, en los momentos de desaliento, con esta paciencia exigida de ella, también. Luego le viene esa palabra, «atrincherada», mientras atraviesa el jardín público aún desierto, en las primeras horas, de todo caminante. ¿Y si Mina se mantuviera aún a ella misma en esta trinchera a la espera de invertir el destino? Para frenarlo, transformarlo, llevarlo a cabo finalmente. ¿Hacer que ese encuentro tenga lugar, que la madre amorosa vuelva a ver a su hijo y viva, que el hijo no pierda la esposa unas semanas después de haber dado a luz al padre de Mina, que el círculo se invierta y que los saqueos sean suspendidos, anulados por una tregua repentina?

Mina amaba a las mujeres sin saberlo, ella creía no apreciar más que sus formas gráciles y eso que llamaba, con un desprecio bastante tierno, sus corazones de alcaucil; creía servirse de ellas y someterlas a su frialdad (cosa que ella hacía, por otra parte) mientras que su lealtad de pequeña niña le hacía conservar intacto el amor de una bisabuela por un hijo inconstante. Novelesco pero improbable. ¿Por qué se nutriría de sufrimientos tan antiguos del siglo pasado cuando eso que pasó aquí y ahora era suficiente ampliamente para la pena? En su sueño, la ambulancia (¿es lo que ofrece la analista en sesión?) no sirve para otra cosa más que para que ella salga de allí, ella: le hace dejar el campo de batalla. Se acuerda de que era la misma imagen que se le impuso cuando había recibido a Mina en la primera entrevista, una caminante desolada en un campo de minas. En el sueño, el soldado herido en la cabeza no sobrevive. ¿Y los otros, los sobrevivientes? Los dejará ahí, ninguna misiva salvadora, ningún *deus ex machina* para evitar otros combates, más asesinatos aún. Ella no sabe si debe hablar del sueño. Algo la detiene. ¿Es quizás demasiado pronto? Pero más tarde sería incongruente. Cómo decirle: Usted sabe, hace un tiempo yo soñé con su historia... ¿Y si la herida era ella?

Mina Tauher una noche olvidó pagar. Y deja a medianoche un mensaje enloquecido en el contestador de la psicoanalista. Como si la falta fuera imperdonable. A la sesión siguiente, ella está dispuesta a interrumpir todo, toma este olvido como un signo de rechazo a lo que pasa de más importante en la transferencia. Signo de ingratitud imperdonable a los ojos de Mina, a lo que la analista no puede más que oponer el silencio, secretamente aliviada de que al fin una «falta» viene a perturbar el curso de las sesiones tan impecablemente construidas. ¿Qué es esta deuda que fuerza el pasaje al acto? ¿A favor o en contra de qué esta deuda fue contraída?

El padre de Mina es el gran ausente de esta genealogía familiar. Imposible hacerlo aparecer. Político relativamente conocido, severo, jamás está ahí. De su madre amorosa borrada, ella habla voluntariamente, para no evocar más que su melancólica belleza. La psicoanalista se choca contra esas palabras convencionales, una filiación de fachada. Rechaza educadamente entrar más allá, en su primera infancia. «Lo veo de vez en cuando, no nos decimos nada importante. Cumplo con mis deberes de hija, eso es todo». Es con una infinita lentitud que los fragmentos de recuerdos aparecen, retazos desgarrados de un tejido sin forma que de infancia no tiene más que el nombre: ni sabor, ni olores, ni afectos que permitan al menos un poco reconstituir la imagen. Había sido una infancia sin infancia. Las reglas, las comidas, las órdenes, el trabajo, suerte de presidio que ella misma calificaba de «sereno», sin víctima ni acusado.

El trauma hace desaparecer al sujeto de la escena del crimen. *Nada pasó.* No hay ninguna persona para decir «yo». Y de la misma manera cuando las cosas son comprobadas, relatadas, cuando son reunidos los testimonios, se encuentra un culpable: no hay sujeto. No hay resiliencia posible, no hay persona para leer el acto de acusación. Por cierto, no hay víctima tampoco, las cosas son confusas, nada está claro. Si un niño es agredido en el rincón de un bosque por un desconocido y dado por muerto, vivirá un calvario físico y psíquico, pero no ese espacio devastado del trauma que la vergüenza invade cuando no se puede nombrar al agresor porque no hay víctima.

 El niño, con una voz vacilante, podrá decir de ese primo mayor que venía a acariciarlo que era él quien lo había seducido en principio; la jovencita pretenderá que era el amor que tenía el padre, que lo había desbordado, pero quien no puede entender que él se excita también por amor. El trauma se establece en la vergüenza, es decir ahí donde el sujeto se abandona o se traiciona él mismo —y solo él lo sabe. Entonces se obstinará en «revivir» no exactamente ese trauma, sobre todo no ese (es esa obsesión, que aquello puede «volver»), pero va a hacer un círculo alrededor de él, hasta quedar devastado interiormente al punto que el acontecimiento se introduce en el centro de su vida y lo carcome interiormente. Ya que ahí también está la intensidad. Ya que ahí sobrevivió. Nada más intenso que lo que jamás te ocurrió. Al menos 8 en la escala de Richter. Entonces es necesario hacer volver la intensidad, en los márgenes de lo cotidiano, por los detalles que pertenecen a la escena inicial: esos detalles, esa intensidad, es lo que constituyó como real *al lugar del sujeto*. Y al mismo tiempo la necesidad de reparar perdurará toda la vida. Y sobrevivir o sucumbir, esa es la alternativa. Reencontrar esta intensidad rechazando la crudeza y la vergüenza, en lugar del borramiento del sujeto, ¿no es eso lo que buscamos? El padre de Mina era el que colocó un escudo ante toda irrupción posible de los sentimientos. Él forjó en su hija la misma implacable indiferencia que le ofrecía su rostro —instantánea congelada. Es en ese momento, consultando la libreta de familia del padre —en defecto de otros accesos posibles a su padre, que le propuso la psicoanalista, hacer hablar los archivos—, que ella se entera de que este padre tenía un gemelo que se había muerto al nacer. Se llamaba Serge, o más bien Serguei; un nombre ruso.

Es tarde, como de costumbre, Mina llega esta noche con retraso. Dice haber encontrado en internet un rastro de él, que ella buscaba, su primer amor. Ella no había osado jamás buscar su nombre, y luego lo había encontrado en Face-book.* Arreglaron en-

---

* Escrito así en el original. [N. de T.].

contrarse. Ella sabía que no iba a ver a ese que había imaginado durante veinticinco años, ese que era la coartada de todos sus compromisos, ella entendió de golpe la mentira sobre la que reposa su frágil equilibrio. Con él, con la historia de este amor imposible y perdido, ella salvaba todo: la bisabuela que lloraba a su hijo desaparecido, el abuelo al que su mujer le había sido arrebatada muy poco después de haberla encontrado, resucitaba al hermano muerto de su padre del cual su primer amor llevaba el nombre, ella era esta mujer que esperaría hasta el último día. Para redimir todas las esperas. Todas las desapariciones.

Mina Tauher, sus heridas cosidas en carne viva en los dolores de una otra. Atrincherada, piensa de nuevo la analista. El sueño del músico, ¿no estaba ahí más que para autorizarla a amar sin darse a esas mujeres frágiles que ella trataba maternalmente y devolvía cuando estaban más fuertes? Ella estaba atrincherada en un cuerpo que no tenía nada más que ofrecer que este combate: no rendirse. Enloquecida frente a su propia dependencia. Es siempre la misma historia... Finalmente, eso que se repite en el amor son las condiciones de su aparición; es el acto de nacimiento de los fantasmas, dice Jean-Max Gaudillière,* cuando en el amor eso que surge detrás de los rostros amados superpone los cuerpos sepulcrales a ese aún vivo entre los vivos.

---

* Remito al muy bello e indispensable libro de Françoise Davoine y Jean-Max Gaudillière, *Histoire et trauma*, Stock, 2007. En castellano, *Historia y trauma*, Buenos Aires, Fondo de Cultura Económica, 2011. [N. de T.].

Mina Tauher ha vuelto a la música, aprende con paciencia a tocar un instrumento distinto del de su pasión torturante. Ella pasa el tiempo tocando, mucho, y se agota. Devino una acompañante. Trabaja en escena con cantantes líricos y en esta presencia, también en este borramiento, se encuentra poco a poco. La escena de su primer amor desapareció del horizonte de su deseo, y se encontró relegada en el baúl de las marionetas y de los juguetes rotos. Ella no se rindió a ese encuentro. Volverse pianista a los cuarenta años no es fácil, pero ella improvisa una vida en que la espera no la fija en una rigidez eterna, la suya quién sabe, una vida donde la repetición no la lleva al último acto, hacia la muerte, sino hacia la música.

El destino de Mina Tauher se parece a una partida de dados que los protagonistas habrían comenzado durante la guerra, en las trincheras, y continuara en torno a su amor de juventud, en la resonancia y las cuerdas tensionadas de una espera suspendida. Una partida en la que las jugadas le habrían estado robadas, donde nadie sabría que estaba prometida a la muerte y que esperaba desde la noche de los tiempos. La caída del día conviene a las metamorfosis, y es a veces en el entre-dos de esta exploración que guían los dos protagonistas, en la penumbra del consultorio de un analista, que el horizonte puede abrirse, jamás ahí donde creemos.

Pensar la repetición

Para Deleuze, la fuerza común a Kierkegaard y a Nietzsche está en haber hecho de la repetición no solamente una potencia propia al lenguaje y al pensamiento, sino la categoría fundamental de la filosofía del porvenir. La repetición, observa, está ligada para ellos a una prueba —una prueba selectiva. Nietzsche escribe que hay que liberar la voluntad de todo lo que la encadena, haciendo de la repetición el objeto mismo del querer. Una suerte de patología superadora. Ya Kierkegaard hace de la repetición el hecho puro de un concepto forzado a pasar como tal a la existencia. El psicoanálisis, en la estela de Schopenhauer y de Spinoza, habrá intentado luego pensar la repetición como compulsión. Dicho de otra manera, se esforzará en pensar esta «voluntad» en nosotros de revivir la misma situación, la misma emoción, el mismo afecto, aunque sean tan dolorosos. En efecto, aquello de lo que los pacientes sufren —sin comprender el origen ni el modo operatorio— se presenta primero como una repetición. Es la letanía repetitiva del síntoma que pesa sobre la vida del sujeto lo que le impide salir, como una nasa donde la malla demasiado apretada no deja más respiración posible. Insomnios, dolores de cabeza, afectaciones cutáneas, fobias y vértigos, pero también abandonos repetidos, violencias conyugales, crisis depresivas, ganas de terminar, los síntomas hacen un bucle en torno a una *x* desconocida, este objeto del deseo que se sustrae a ser representado. ¿Esta repetición es una elección o una fatalidad? ¿Sobre qué cartografía psíquica es perceptible —y cómo?

Desde el punto de vista clínico, eso que lleva a Mina Tauher a consultar ¿no es apenas uno de los efectos de esta repetición inaugurada por la espera traumática de un hijo enviado al frente? El *impasse* progresivo al cual conduce la repetición es una suerte de anestesia general más o menos violenta. Eso que se repite son las penas de amor, el sentimiento de impotencia, los insomnios, las cóleras. Un día nos damos cuenta de que bajo la aparente diversidad de nuestras experiencias y la distribución (desgraciada, creemos) del azar, puede haber tal vez una lógica del deseo que conduce a la vida a fracasar en el mismo punto, en un mismo afecto. Y comenzamos entonces a buscar al genio maligno que «quiere» para nosotros la repetición de las crisis. Por ejemplo, uno cree que su mujer es histérica, la deja, encuentra una dulce joven y las crisis de histeria recomienzan. Contra todo pronóstico, la joven se revela una furia. Pero él, ¿qué viene a buscar en este recomienzo sin cesar que reconduce a esas crisis? En la superficie del lamento nada se mueve. Pero si buscamos en los sueños, en los actos fallidos, en la palabra vacilante de quien se arriesga al borde de sí, si escuchamos con una paciencia y una precisión de detective por qué es «necesario que eso se repita», logramos a veces acercarnos a este terror que protege la repetición. Las crisis de angustia, el miedo a ser abandonado, los síntomas, están ahí para impedir al sujeto percibir las lealtades infantiles que lo protegen. Más insistentes que el yo mismo, mantienen cerrado el campo del porvenir.

La repetición, según Freud, puede ser leída como el producto del movimiento de pulsiones contrarias: las pulsiones eróticas que excitan al sujeto sin fin, y las llamadas pulsiones «de muerte», de las cuales procede la extenuación de todo deseo. En el campo de la pulsión de muerte, más excitación, más elección, más ansiedad incluso, es la repetición en bucle del mismo motivo mortífero. Por consecuencia una vida bajo celofán, una vida apagada, donde los medicamentos tomados durante un tiempo, con la bendición medical, relevan la angustia.

Pensar la repetición nos incita a volver a la Grecia antigua. La tragedia griega pone en escena un héroe que se heroíza cumpliendo el destino del que de todas formas no podría escapar, que le «quiere» de alguna manera y así transforma, al menos en la lectura nietzscheana del *amor fati*, su impotencia en potencia. Pero el más grande de los pensadores de la repetición es, sin duda, Kierkegaard. Yendo en la dirección contraria a la interpretación común, que querría que la repetición fuese simplemente aquello que se repite con una ligera diferencia, repetir, escribe él, es comportarse, pero con relación a algo de único, de singular, *que no tiene parecido o equivalente*. La repetición, lejos de ser una réplica de lo idéntico, expresa una singularidad contra lo general, y, en el orden temporal, la fractura del discontinuo contra la permanencia. Pensar la repetición es pensar la discontinuidad. La repetición espiritual pone en cuestión la ley o la ética, denuncia el carácter general en pos de una realidad más profunda, literalmente inaudita. ¿Esta realidad es en sí misma decible? El hombre puede «quererla», es la pregunta que ilustra el texto de Kierkegaard:* *La repetición*.

Un joven parte a Berlín para reencontrar el encanto de un primer viaje hecho en condiciones particulares. Sorprendentemente, todo el primer tercio de la obra es la descripción de una pieza de teatro que el joven va a ver de nuevo, y su decepción al no encontrar la emoción primera. El encantamiento teatral experimentado muchos años antes da lugar a toda una reflexión sobre la repetición estética (lo que en sesión correspondería a «revivir eso una vez más»). Kierkegaard escribe a propósito de los actores: «Cada posible de mí es una sombra que hace un sonido en la farsa, los actores en segundo plano producen su efecto gracias a la categoría abstracta de lo general a la cual llegan por lo particular de su ser concreto».** Esta categoría abstracta de lo general podríamos llamarla también «tontería», *stupidity*.*** La farsa es una puesta en escena teatralizada de la repetición, esto es, la repetición de la realidad ideal a la segunda potencia. El esteta valora el instante porque teme atarse al real. Está en perpetuo exilio de sí mismo, pero la seducción lo conforta en este yo que no es más que puro posible. El narcisismo estetizante de nuestra sociedad, fuertemente puesto en evidencia por los pensadores de la postmodernidad, parece bajo varios aspectos muy cercano a este vértigo del esteta tomado en la repetición mimética del puro posible. En la repetición estética, la neurosis juega una y otra vez indefinidamente la misma partida. El yo asiste a las representa-

---

* S. Kierkegaard, *La Répétition*, Œuvres complètes, Éd. De l'Orante, t. V, 1972, p. 21. En castellano, *La repetición*, Madrid, Alianza Editorial, 2009. [N. de T.].
** *Ibid*.
*** Ver el muy bello libro de la filósofa americana Avital Ronell, *Stupidity*, col. L'autre pensée, Stock, 2008.

ciones teatrales sin poder cambiar una sola palabra del texto pronunciado, y sin tener acceso a los bastidores. La consciencia segunda de la repetición se opone a la inmediatez estética, pues no significa solamente «una segunda vez» sino la eternidad en el instante. La repetición espiritual es así el rechazo de la memoria en tanto otro recuerdo.

El joven de la novela de Kierkegaard está irritado, pues comprende que justamente no habría que querer la repetición para que ella tuviera lugar. En su retorno, él reflexiona sobre el sentido mismo de esa «retoma» tan esperada y no acordada, oponiéndola a la rememoración griega (donde todo ya está inscripto). Eso que mata la posibilidad de toda repetición es todavía nuestra voluntad de hacer de manera que el tiempo sea el lugar de la manifestación de la idea. Ahora bien, la repetición es trascendente, es quizás «demasiado trascendente para ser pensada». Comprendemos por qué Kierkegaard tiene tantos escrúpulos en hacer de la repetición una categoría del tiempo vivido, pues esta no puede ni ser transmitida como exigencia ética ni como realidad espiritual, sino solamente como vacilación al borde del abismo. Si la repetición pasa por la prueba del sacrificio es porque solo un ser que vive el desamparo puede ser conducido al extremo límite de su querer y de su revuelta; solo ahí aparece la posibilidad de la duplicación espiritual, y por consiguiente del don. Esta prueba no es del orden estético, ético o dogmático, ella es absolutamente trascendente. «La vida humana no se presta a la duplicación», escribe Kierkegaard. Es por eso que solo la repetición espiritual es vivida en el orden de la libertad. La vida humana no ofrece soporte a la repetición pues, a través de ella, es nuestra inscripción misma en lo temporal la que es puesta en cuestión. La condición indispensable para la duplicación reposa sobre un doble movimiento hacia lo infinito: primero de la libertad relativa hacia el límite de la libertad absoluta, para luego retornar a lo temporal. Pero, escribe Kierkegaard, «la verdadera duplicación de sí, sin un tercer término que presione desde el exterior, es una imposibilidad y reduce toda la existencia de este orden a una ilusión o una experimentación».*

El concepto de repetición es eminentemente actual en la medida que prefigura la interrogación fundamental de la modernidad sobre la relación del sujeto en el tiempo. Es por un acto decisivo de libertad que el sujeto se ve dar, «una vez más», de alguna manera, acceso a sí mismo. Que esta alteridad sea no recuperable por el concepto, como lo es en Hegel la alienación, indica cuánto se inscribe en el comienzo, como en el horizonte de nuestro filosofar mismo, interrogándonos sobre la enigmática significación de esta retoma «que es la tarea de la libertad».

«Porque me vuelvo hacia el pasado, veo el futuro», escribe Kierkegaard. El hombre no desea naturalmente la repetición, porque él tiene que afrontar la angustia ligada a la incertidumbre radical del porvenir. La repetición supone un radical desacoplamiento del sujeto, a quien le es dado vivir esa duplicación, ese don más allá que transforma la naturaleza misma del sujeto.

Kierkegaard no renegará jamás de la idea central de que la repetición gira en torno a un centro vacío; ella es la revelación del

---

* S. Kierkegaard, *Papirer XA 396*, trad. y notas de H. Fenger, «Début de l'homme de lettres», *Obliques*, p. 70.

retorno del tiempo en la repetición espiritual, cuando el instante decisivo de la eternidad, que es el acto de fe, rompe la repetición mortífera del destino y abre a la «plenitud del tiempo»: este instante decisivo es la reconciliación del hombre con su potencia creativa. El hombre deviene responsable de esta nueva condición que ha recibido y que funda su existencia. Después de la ruptura del instante, la nueva existencia se comprende como una existencia de segundo grado. Así, la repetición es un nacimiento de segundo grado que se funda sobre una trascendencia. Por medio de la articulación de los conceptos de repetición y de instante, Kierkegaard esboza la problemática de un pensamiento que renuncia a la vez a toda apropiación pensable de cualquier origen y se abre a la percepción de lo infinito. El origen en Kierkegaard no es descubierto detrás de nosotros como un saber histórico, sino como algo a actualizar como instante de decisión. En este instante de decisión paradojal, la vida se origina una segunda vez. «El retorno del tiempo en la repetición espiritual [...] lo abre a la plenitud del tiempo», escribe.*

La fe en el acto de hablar, de prometer, demanda un acto de confianza insensato en el Otro. En el análisis, el único hecho de osar decir «todo lo que le viene a la cabeza», de poder liberar estas palabras perdidas encantadas por otras, los fantasmas, de dejar que se reabran heridas infectadas, sostenidas por mucho tiempo en secreto, es una transformación mayor. Es de esta repetición espiritual de la que habla Kierkegaard como figura de lo inesperado.

---

* S. Kierkegaard, *Miettes philosophiques*, Œuvres complètes, t. VII, 1973, p. 299. En castellano, *Migajas filosóficas o un poco de filosofía*, Madrid, Trotta, 5.ª ed., 2007. [N. de T.].

Mina Tauher citaba mujeres que convocaba en el lugar de la ausencia, sin posibilidad para ellas de jamás estar a la altura de lo Ausente. Cita sin cesar pospuesta, ya que ella las dejaba regularmente por miedo de apegarse, quién sabe, de desmentir la promesa que se había hecho ella de esperar siempre lo Ausente y de ser decepcionada eternamente. La ruptura con la joven música la recondujo al análisis —¿última tentativa antes del fin?— pues podría ser que a través de la música se anudase otra cosa, más íntima, más *vivace*. La música «atacaba» el campo emocional tan bien guardado de Mina. Era preciso entonces alejarse urgentemente, pero ¿qué razón tendría ella para vivir aún? Ella sabía que su primer amor no estaría jamás en sus citas, no podía estar, estaba excluido del pacto desde el inicio. En su discurso sobre las pasiones del amor, Pascal escribe:

> Las almas afines al amor demandan una vida de acción que estalla en eventos nuevos. Como el adentro es movimiento, el afuera también debe serlo, y esta manera de vivir es un maravilloso envío a la pasión. [...] En el amor, no osamos jugar con el azar, pues tenemos miedo de perder todo: sin embargo hay que avanzar; ¿pero quién podrá decir hasta dónde? Temblamos siempre hasta que encontramos ese punto. La prudencia nada hace por mantenerse ahí cuando la hemos encontrado.*

Mina quería que le quitaran de encima el amor. No del amado, no de la ausencia, no de eso que la llevaba a amar, a estar en la vida, espiritual y psíquicamente, viviente en todas las fibras de su ser y así engañar a su linaje fascinado por la muerte, la desaparición. Quíteme de encima la creencia mortífera en el amor para

---

* Pascal, *Écrits sur la grâce*, Rivages Poche, p. 200.

que yo pueda amar, para que yo pueda no morir o desaparecer a mi turno. Es a su turno esta llamada lo que ella vino a ofrecer.

La repetición espiritual aquí comienza cuando la magia del amor perfecto, del amor loco, se disuelve, vuelve a su origen nombrada, cuando la espera de un niño que parte al frente puede finalmente ser nombrada y reconocida, porque ir a hacer acto de la desaparición es ya no mezclar la sangre de los muertos con la de los vivos, para que tal vez alguna cosa se inaugure.

El amor el niño

Todo comenzó en un bosque. Sábado de julio, pícnic organizado por los padres, amigos de los padres, primos, familia esparcida en la hierba, sensualidad difusa en el calor del verano. El tiempo es tormentoso, está pesado y caluroso, estamos desnudos, nadamos en el río, nos divertimos. El hombre explica atentamente al niño dónde puede encontrar las libélulas que él busca, ellos se pierden un poco río abajo, explorando juntos la ribera.

Súbitamente, en un segundo, el niño no hace pie, tal vez una raíz o su tentativa torpe de atrapar el insecto de alas azules y verdes, no lo recordará. Rápidamente, él tiene el agua en los ojos, la boca, los pulmones. El hombre se tira sin reflexionar,* retiene al niño como puede, a unos centímetros de la superficie, ahí donde ya no vemos más nada. Después él lo toma por la cintura hacia la orilla. ¿Muy fatigado para llamar? El resto es incierto. Lo reanima como puede y le hace escupir el agua de los pulmones. Podría haber ido a buscar a otros, pero dirá más tarde que él no se atrevía a dejar al niño solo, que entre abandonarlo e ir por so-

* En francés *réfléchir*, traducimos «reflexionar», pero tenemos en cuenta que este verbo significa también «reflejar», polisemia que no puede reproducirse en castellano. Lo observamos dada la importancia de los reflejos, inversiones y desdoblamientos que ocurren en este capítulo, y que pueden reenviar a Narciso contemplándose. [N. de T.].

corro prefirió quedarse ahí, cerca de él. Le da calor, lo toma en sus brazos y lo mece.

El hombre tiene treinta años, es un amigo del padre de toda la vida. Hacían juntos esquí y sus mujeres se conocían, iban juntos a la universidad, nunca se perdieron de vista, aun si el lazo se distendió un poco con los años. El hombre no tiene hijos. Él, Rafael, tiene cinco años. Es el primer hijo del padre, una hermanita nació hace un año. Ella duerme bajo los árboles, los más altos, entre los manteles y las sombrillas. El hombre siente una emoción indecible frente al cuerpo abandonado ahí, y que respira. Todo se confunde, el alivio y el deseo, el miedo de haberlo perdido, la culpa de haberlo llevado al borde del agua, el orgullo de haberlo salvado.

El hombre y el niño al borde del río. Imagen bucólica, calor. Y el horror tan próximo. Haber pasado tan cerca de la muerte, como por debajo de ella misma, sosteniendo sus cabellos, enlazando sus brazos al niño, rozándola justo para entrever la nada, la respiración que se detiene, ¿y después nada más? El hombre está absolutamente conmocionado, quiero decir existencialmente, pero él no sabe nada aún.

¿Cómo explicar que un deseo carnal nace en la pena más expuesta, de cara a la fragilidad? Cuánto tiempo permanecen allí, enlazados a eso que parece —por lo que una mirada, de lejos, podía ver... O precisamente había una mirada. Un testigo. Una de esas dos chicas extranjeras empleadas por los padres para ocuparse de los pequeños. La joven estudiante holandesa se mantiene petrificada, ubicada un poco más alto que ellos, no ve más que un hombre inclinado sobre un niño, y lo besa. A ella la golpea fuerte el corazón, vuelve hacia el césped con los otros. Estalla la tormenta, ordenamos, nos vestimos. Buscamos a Rafael y al amigo del padre, llamamos. Vemos al amigo hacer grandes gestos, llamando, encantamiento suspendido de la muerte. Acudimos. El héroe está rodeado, el niño recalentado, reanimado. Un auto lo lleva rápidamente al hospital más cercano.

El niño deviene artista plástico. Tomó otro apellido como enfrentamos en la arena al animal negro. Se casa muy joven, tiene dos hijos. Su mujer es africana, sus hijos mestizos, uno más claro que el otro, ojos azules, ojos negros. Casa abierta entre lo rural y el París *bobo** de los años del fin del milenio. En parte un insomnio tenaz que le hace preferir vivir la noche, llevar a sus hijos a la escuela y acostarse cuatro horas hasta su vuelta; luego comienza a trabajar, sin rastros visibles del evento. El apellido que él se eligió es una prenda dada a un dios feroz que negocia con el hombre el pasaje de su alma, hasta que la muerte lo encuentra, desemboca en él, el niño, en sus brazos.

Y sin embargo hubo un proceso, un gran estruendo de odio.

La joven, atormentada, no había creído en el ahogamiento. Las ropas mojadas, la palidez del niño, la mirada turbada del hombre —nada podía convencerla de que no se trataba de otra cosa. Algo abominable. Ella estaba decidida a hablar, unos meses más tarde. Al padre, el mejor amigo, que estaba allí, cerca del niño. Lo supuso culpable, ya culpable. El padre tuvo miedo de

---

* *bobo*, *bo*urgois-*bo*héme, hippie-chic. [N. de T.].

no haber visto nada, de haber traicionado a su hijo. Él olvidó la amistad e inventó al perverso. Lo acusó de haberlo traicionado, a él, a su hijo y a toda la familia. El amigo intentó defenderse. Respondió que ese era un acto irreflexivo. Un acto de amor, seguramente, sí, y de coraje también. Que él intentó todo para reanimarlo, que lo tuvo entre sus brazos, sí, y nada más. De perversión nada, de mentiras todavía menos. ¿Cómo podían acusarlo, a él que lo había salvado? La madre devino una furia vengadora como las vemos en las tragedias griegas, bloqueada por certezas, ella que no tuvo ni un gesto tierno cuando le devolvió al niño y ni se quedó cerca de él en el auto que lo llevaba al hospital.

El proceso tuvo lugar.

El hombre eligió no defenderse. Él se amuró en el silencio. Se sometió a los exámenes psicológicos que no revelaron nada. Fue demasiado tarde. No tenían nada para que continuara la acusación más allá del testimonio muy borroso de esta chica. Ella era extranjera y se había ido de Francia. No tenían nada más que una carta. Un «no ha lugar» fue pronunciado.

El hombre no hablaba más, se negaba a explicarse. Él sabía que algo irrevocable sucedió ese día, algo de lo íntimo de lo que no podría sin duda jamás decir nada. Él había sido un héroe ordinario, sí, sin ninguna duda. Él había salvado a ese niño. Y la venganza fue una ola que se precipitó sin tocarlo, porque él era inocente. ¿Pero inocente de qué? ¿Culpable de qué? Había roto sin esperarlo demasiado, a él, en apariencia.

Él se fue del país, se refugió en Italia en lo de una amiga que le ofrecía trabajo. Diplomado, dotado, no tuvo ningún problema en adaptarse a la capital romana. Mientras tanto, él sufría. Tomó drogas, no mucho tiempo. Con la cocaína enfrentaba el hecho de tener que intercambiar con otros, ignorando todo de su vida con propósitos sin importancia. El mal progresaba dulcemente. Ese mal era el nacimiento del deseo. De un deseo loco que había tenido de ese niño al que no tocó salvo para reanimarlo, es decir, apenas y torpemente como se enseña en los manuales de primeros auxilios: presionar fuerte sobre el pecho, dar aire por la boca, aspirar, dar vuelta el cuerpo sobre un costado.

No ha lugar. ¿Qué pasa cuando no pasa nada? Cuando tu vida se da vuelta brutalmente, como un guante. Él tomó su deseo carnal por una emotividad desplazada, enfermiza, debida al accidente, su manera de decirle a la muerte: Andate. No volvió jamás a acercarse al niño durante las semanas que siguieron al accidente, antes de que hablara esta joven, mientras todavía era un héroe, ni había siquiera rozado sus mejillas. Y después vino el proceso. Sus amigos lo habían tomado por un pedófilo. Un año más tarde todos se disculparon, le habían escrito que era la madre la que estaba loca, ¿no es así? La hipocresía ordinaria en suma. ¿Acusar a quién? Él se ahogaba en el cuerpo de mujeres, pagando para olvidar el evento de sus treinta años. Pero no podía sustraerse. Él soñaba. No llegaba ni a aceptarlo ni a hablarlo. Había vivido con una italiana que lo había dejado por otro. Casi veinte años más tarde él fue a la primera exposición de Rafael, asegurándose con el galerista de la ausencia del pintor. Es así que en su refugio en Italia y en esa calle lo volvió a ver, algunas semanas más tarde. Venía de festejar su cumpleaños y tarde en la noche volvía a su casa desde un restaurante de unos amigos romanos que lo invitaron. Estaba templado, esta suavidad daba ganas de perderse en las calles, como suele suceder en el otoño en Italia. Él estaba sentado en la terraza de un café como amaba hacerlo a menudo, solo. Rafael dejaba en ese momento el café con otros amigos. ¿Cómo lo reconoció? Él lo escrutaba, lo buscaba de manera evidente. Después franqueó el espacio que los separaba y, muy emocionado, se presentó. Los otros los dejaron. Hablaron toda la noche, de todo salvo de los ríos y las libélulas. Rafael insistió en acompañarlo hasta la casa. Era ya el amanecer. Él se quedaba en lo de un amigo en Roma y tenía una cita al día siguiente con un nuevo galerista interesado en su trabajo. Tenía todo el tiempo. Ellos subieron a tomar un último café en la terraza.

Durante dos días, no se dejaron. Se amaron. Ni uno ni otro habían estado con hombres. Rafael se fue en el tren de la noche a París. No se volvieron a ver nunca más. Es diez años más tarde que la psicoanalista recibió al hombre, vuelto a vivir en París.

Él no sabía, decía, por qué venía. Probablemente, concedió, por «haber hecho» la experiencia del análisis.
—¿Como se «ha hecho» el Mont Blanc? —sonrió la analista.
—Sí, pero por la ruta norte —responde él muy seriamente.
Haber hecho. Este pasado «compuesto» interrogaba a la analista. La pregunta está por tanto ya reglada, bajo sello. ¿Es esta la relación que él tenía con el amor?

Muy rápido arribó al río. Por los sueños. Porque son ellos los que ponen el fuego a la pólvora. Y nos enseñan. Los sueños no mostraban jamás otra cosa que el río, con una dejadez y una inquietante insistencia. Ningún personaje, ningún evento, ningún gesto. Unas libélulas.

Era como una pesadilla muy lenta en la que no se habría comprendido la amenaza.

Su culpabilidad estaba tan bien fosilizada que ella había apagado todo deseo. Dos meses más tarde muere bruscamente en un accidente. ¿El análisis no fue entonces de ningún auxilio? Él habló, lloró. Los sueños se espaciaron. Se rieron mucho, ella no se resistía a su humor. Las noches se estaban apaciguando. ¿Pero la paz? ¿El deseo? ¿La intensidad de la vida? ¿La creación? Él estaba solo al volante, no se mató más que a sí mismo. Un poco de alcohol en sangre, pero no lo suficiente para la ebriedad. No lo sabremos jamás.

Había tenido quince sesiones, dos por semana. La decimosexta sesión caía la noche del accidente. Ella había volado en pedazos con él en un estruendo metálico.

Pensar el evento —un cuerpo cae a un río, la muerte que los agarra y luego se desprende, el amor que sucede—, es quizás la cosa más difícil dada al pensamiento. Entonces con mayor razón el evento amoroso. Sobre todo cuando no entra en ningún código.

¿Pedofilia? Él no había «hecho» nada a ese niño. Había hecho el amor a un adulto, con su consentimiento, de veinticinco años. ¿Homosexualidad? Toda su vida había amado a las mujeres, sus espíritus y sus cuerpos. ¿El deseo de morir? Quizás sí, quizás no.

En *El banquete*, Sócrates hace de Eros, el hijo de lo paliativo y de la pobreza. Es una mujer, Diótima, quien le inspira el discurso sobre el amor que él ofrece a Alcibíades, inflamado de amor por él. Y es a él a quien se lo dirige esencialmente. Sócrates en *El banquete* dice pocas cosas en su nombre, hace hablar a Diótima en su lugar. Nosotros sabemos que este texto releva el tiempo del amor griego y es sin embargo a esta dimensión femenina que pertenece la más eminente defensa del amor. Nos hemos detenido mucho en lo que él, Platón, nos designa como la verdadera razón del amor, creyendo que es llevar al sujeto a las escalinatas que le permiten la ascensión a lo bello, cada vez más, confundido con lo bello supremo. Y Lacan, sobre estas huellas, muy enredado, balbuceando, vacilando, escribe este fulgor: que el deseo, en su esencia, es el deseo del Otro, y es aquí que localiza el nacimiento del amor.

> Si el amor, eso que se pasa en este objeto hacia el que nosotros tendemos la mano por nuestro propio deseo y que, en el momento en el que nuestro deseo hace estallar su incendio, nos deja aparecer un instante esta respuesta, esta otra mano que se tiende hacia nosotros como su deseo.*

El evento hace irrupción. No se puede leer en la continuidad del real. Llega. No ocupa ningún lugar preconcebido, es «traumático» en su esencia misma. Un paseo al borde del agua se vuelve un acto sagrado, el salvataje de una vida. Todo al borde de la muer-

---

* Jacques Lacan, *Séminaire. Le transfert*, Gallimard, 1960-1961, p. 216. En castellano, *El seminario, 8, La transferencia*, Buenos Aires, Paidós, 2003.

te, todo se detiene. Hay una discontinuidad de superficie entre todos los momentos de la vida anterior y ese que pasa luego. De este evento, el niño, inconsciente, no recordará nada. El hombre, fue dado vuelta. Fue para él del orden de la conversión. ¿A qué llamamos entonces «deseo»? ¿Qué es eso que nace allí en contacto con este niño que tomó en sus brazos para volver a traerlo a la vida, de cara a la proximidad extrema de la muerte? Ese deseo es todo, salvo un deseo sexual. ¿Pero por qué la ambigüedad, por qué la culpabilidad aún, años después? ¿Por qué el proceso?

El evento es un trauma porque no se apoya sobre nada dado anteriormente. Los soldados enviados a las trincheras no habían podido concebir jamás una carnicería tal, lo inimaginable no tiene lugar donde inscribirse en nosotros; no están codificados en ninguna parte la carnicería inútil, la carne volada por los aires, el mejor amigo destripado; en ninguna parte tampoco en el otro extremo del espectro del flechazo del amor, de la revelación, del estupor. Hace falta movilizar fuerzas inauditas para seguir vivos, pensando y deseando de cara a la deflagración. El deseo viene en el evento como la tentativa de quedar de pie, rearmado, de cara a eso que se abre vertiginoso.

Querer zambullirse con él, con el niño, en el río. Eso era lo que decían sus sueños. Él se tiraba y moría a su turno, no en su lugar, con él. Los sueños en las pesadillas giraban infinitamente en el mismo bucle, ese que el deseo tuvo a distancia con todo su esfuerzo. El niño escuchó hablar del proceso, sufrió todo este barro, muy chico para hablar, ser citado, le fue «arrebatada» toda una parte de su infancia. Es a partir del testimonio de esta joven que toda la maquinaria judicial se puso en marcha. Y años más tarde él, el niño, eligió a este hombre para hacerlo su amante, para decirle de alguna manera a todos ellos: «Ese al que ustedes imaginaron para mí, en el incesto, la perversión, la traición, yo lo amaré, yo lo enmendaré y se lo quitaré». Y él, el hombre del río, por culpabilidad, fascinación, deseo antiguo, se dejó llevar en esta historia de amor sin jamás ir más allá de la superficie del cuerpo del joven hombre, no pudiendo, no queriendo, forzar ni entrar allá donde en realidad no era amado. Era muy excitante, sí, poder experimentar el deseo por un hombre, aun cuando jamás antes había pasado la noche con alguno, pero esto no hace de uno ni un perverso, ni un violador, ni siquiera un hedonista. Hay una pena melancólica al encontrarse allí en los brazos de quien dice amarlo para reparar su propia historia, pero no por usted.

El evento, para Husserl, es donde la fenomenología no puede dar cuenta. Porque los datos de la percepción son para el sujeto un filtro que no asigna al real más que un límite formal. Entonces no podemos jamás alcanzar el real —es lo que Lacan subscribirá de forma oblicua. El evento trasciende nuestra capacidad para pensarlo, ya que el pensamiento nace precisamente de ese choque entre lo real y eso que nos alcanza, y las fronteras de este «nos» son vigiladas, desde el espacio y el tiempo hasta los datos de la consciencia, por la experiencia pasada y la constitución misma de nuestro ser. Cómo hacer «acto de hospitalidad» incondicional, en el pensamiento, en nuestro ser mismo, a eso que jamás tuvimos. Es pensar en el lugar mismo del vacío de cierta manera. El evento en su brutalidad llama al ritual, la creencia, lo sagrado. Hacer del evento un sacrificio es encontrarle un orden, darle un lugar, una justificación.

Salvar a un niño es algo que existe, es clasificado en parte, un acto pedófilo también, pero el evento puro no se deja categorizar así. Este fue todo el esfuerzo de la filosofía de intentar tomar en sus redes cualquier cosa libre, fuera de lugar, resonante del evento, sin intentar apresarlo en el espacio religioso, de la superstición o del destino. El amor, o mejor dicho el deseo, es de este orden, sin duda es por eso que vuelve loca a la humanidad y la hace descarrilar desde siempre; una y otra vez.

El evento no puede ser dejado allá, fuera del lenguaje. Es como el trauma destinado (en esto sí, hay algo de destino en esta historia) a reaparecer, a encontrar una salida, una justificación, un lugar. Hace falta a todo precio encontrarle un lugar, humanizarlo, volver a llevarlo a sí como el niño con su objeto transicional* desarma la noche (la inquietante, la muy vasta noche, donde nada de lo que es familiar en la habitación del niño se reconoce) —entonces trazamos una explicación, construimos una razón y encontramos determinaciones de todo tipo, imaginamos el camino que ha debido recorrer el evento para llegar hasta sí, inventándole para eso una necesidad. Lo ineluctable alivia infinitamente. Poder pensar que nada habría podido pasar de otra manera aleja de nosotros el trauma de la incomprensible toma que hace de nosotros el evento, esa parte de la noche indivisible, su extrañeza absoluta que incluso la lengua no podrá hacer volver de este costado del mundo.

En el transcurso de la primera sesión de análisis había sucedido una cosa inesperada, terriblemente repentina: la psicoanalista se había puesto a llorar, o más exactamente había sentido las lágrimas subir a los ojos. Ella se había disculpado y se había alejado

---

* *Doudou* en francés. Se trata de una pequeña y suave tela que cumple la función de objeto transicional. [N. de T.].

para poder respirar, secándose las lágrimas que, inexplicablemente, amenazaban con llevársela, de cara a ese hombre tan contenido, cansado, que le contaba un evento que había sucedido hacía treinta años y del que buscaba entender alguna cosa. Era la primera vez que le pasaba de esta manera, y Dios sabe que en quince años de práctica había escuchado cosas terribles, injustas, dolorosas. Es en ese momento que ella se dice que este hombre, cuando había salvado al niño, había con todo su deseo de hombre expulsado a la muerte, habiéndole impedido que tomara su cuerpo, su alma, y que ese combate había tenido lugar en su cuerpo de alguna manera. ¿Esto no es pensamiento mágico: creer que, como Orfeo, se acerca lo más posible a la frontera con los muertos y no deja a Eurídice descender entre ellos? El deseo en su esencia se opone a la muerte, es el único verdadero adversario, incluso cuando se ha hecho pacto con ella es aún para volver a encontrar vida, excitación, intensidad, el deseo de vivir en el lugar de un otro —el niño— al que ya le había sido concedido morir. ¿Y cuál es el precio que pagamos por haber deseado la vida a todo precio en el lugar de él?

Él, el hombre, jamás había podido llorar. Ella ha vuelto a la habitación y, cuando él la miró, ella ve que él había visto, que algo ahí se sellaba, en eso que llamamos la transferencia (¿de quién?, ¿de qué?), esta cosa que existe en este espacio, única, de un reencuentro que tiene como meta la palabra, alrededor de una ficción elaborada lentamente, esa visión de nuestra propia vida que dejamos junto a un otro mientras la vida continúa.

¿Y cómo hacer hospitalidad (a dos) en la palabra a un evento que ha fracturado nuestra vida? ¿Relacionando los signos, encontrando las huellas mantenidas escondidas en la nieve de nuestra infancia? Suscitando preguntas prohibidas, filiaciones ocultas, secretos, imágenes confiscadas... Pero, al final, quedará una fractura y nada podrá hacer que un día se domestique, si no es como vivimos en el interior de sí con las palabras de una lengua extranjera.

Si verdaderamente ese deseo que lo había turbado era un deseo de vida contra la muerte, no era por tanto extranjero al deseo sexual. Lo que quiero decir es que es la misma fuente, pero no es el deseo de tomarlo a él, de satisfacerse en él o con él; al contrario, era una suerte de respeto sagrado que lo había mantenido a distancia del cuerpo del niño toda la reanimación. Ella no buscaba volver aséptica esta historia ni justificar de ninguna manera lo que habría podido turbarlo, sino, al contrario, comprender esta turbación como un evento que atraviesa el cuerpo y la psique toda entera, arco y flecha contra el evento de la muerte que toma el cuerpo. De igual manera que Lol V. Stein en la novela de Duras se encuentra «encantada» a ella misma en cierta manera definitivamente y jamás podrá enteramente volver a ella misma, atormentada, atravesada, como alguien que quedaría por una parte con esta abertura en sí producida por este evento, el encantamiento, así el hombre no sería nunca jamás «apartado» como se aparta todos los días en el inconsciente, feliz o infeliz, del cotidiano o de eso que llamamos así. Se desplazó en los paisajes, en las cosas a hacer, a decir, había ocupado su tiempo, el pensamiento, con mil cosas que lo llevaban a él, por cierto, más de lejos, con ese lugar que queda vacío en su interior —cuando él le hizo barricada contra la muerte, al borde del río.

Nada de psicoanalítico en esta mirada. ¿Están seguros? El sacrificio porta a quien lo realiza, ya que no sabe lo que da en el momento que lo da, o más exactamente cuándo es tomado. Cuando Rafael fue a buscarlo, él lo había de alguna manera seducido para poner fin al «monstruo sagrado» de su infancia: ¿violador?, ¿salvador? Esto había sido mucho para un solo hombre. Él le debía la vida ¿y su inocencia también? Amarlo, hablarle, pasar dos días y dos noches encerrado con él en una habitación fue descender a la arena y afrontar ese mito que, bien o mal, había saturado su infancia. En la seducción lo reducía también a un cuerpo (viejo), a una palabra (más bien inteligente), restablecía una amistad, el deseo, la falla, el malentendido —en fin, el viviente, allí donde había dejado una estela, padre y madre al servicio de una infancia ultrajada. De esta forma devenía en paz con aquel que lo había salvado y podía, en efecto, escribirle y después dejarlo dulcemente, sin drama.

¿Y el testimonio?, se decía ella. ¿Qué lugar darle a esta silueta silenciosa que desde lo alto de la montaña había visto a un hombre y a un niño enlazados? ¿Por qué la palabra de un testigo había dado lugar a un proceso? Había allí un trabajo de la verdad al que a pesar de todo había que darle un lugar... ¿Qué fue lo que vio esa joven mujer? El hombre no había ido a pedir auxilio. Había cerrado sus brazos y su vida misma sobre este niño que en cierto momento él supo su salvador. Y este niño salvado había guardado para él todavía un poco, haciéndole frente a la muerte con toda la fuerza de la vida. La chica extranjera se equivocó pretendiendo en él un deseo perverso, una traición gravísima. Pero ella había percibido una otra *hybris*, a la cual la ley había respondido con un «no ha lugar»: el salvador había sido para el niño en ese instante madre y padre a la vez, y un Dios salvador. Él no había pedido auxilio. El pecado del orgullo, dice santo Tomás, es el de creerse igual a Dios, el depositario de un alma en sufrimiento que él va a resguardar, alojar y salvar (¿qué analista no estuvo tentado con este lugar?) hasta fusionarse con ella. Es de esta fusión que atestigua en su «mal ver», su maldad —involuntaria— la joven. Prueba que siempre hay que dar lugar al testigo. Todas las tragedias griegas nos enseñan que hay que estar muy atento a la sabiduría del coro, incluso cuando está ciego en el discernimiento.

La segunda sesión había sido apacible. Dos amigos que discutían, o casi. Este análisis no se parecía a nada. Luego, todo había sido fácil, las palabras de él se animaron a tomar vida propia y, en el silencio de ella, había un inmenso respeto. Luego que él había muerto, ella había ido a caminar a lo largo del Sena, sin buscar improbables libélulas, sin pensar en nada preciso, observando la luz del fin del día que se demora sobre las orillas, los paseantes, la silueta de los barcos y los arcos de los puentes, y ella había pensado que, en esta desaparición precipitada (¿deseada?), estaba el enigma de una vida devuelta al punto de vacilación delante de esa muerte que él había durante mucho tiempo tenido en respeto.

«*Ne me quitte pas*»*

El hombre que toma lugar frente a ella es como un muerto. La mirada no se engancha con nada, la piel está pálida, las manos solo parecen conservar un semblante de vida independiente, ellas van y vienen en el aire, se anudan y se desanudan, hacen un ballet de lloronas, mientras que el resto del cuerpo es de piedra. Se debería observar más a los minerales, los guijarros, la lava petrificada, los fósiles, la roca —ellos nos dicen lo que somos. Es en esta mineralidad que nos atrincheramos cuando el amor nos es retirado.

—No tengo ninguna razón de vivir desde que ella partió —dice él.

Luego, silencio. Que sería obsceno quebrarlo, se dice la psicoanalista, pero al mismo tiempo es difícil dejarlo durar. Lo que ella siente en sí misma es el pálido eco de eso que él debe padecer, en ese espacio en que la ruptura lo ha dejado.

---

* «No me abandones» en castellano. Decidimos dejarlo en francés porque es el título de una canción muy famosa de Jacques Brel. [N. de T.].

—Sin embargo, yo quería dejarla. La cosa no iba más entre nosotros desde hacía bastante tiempo, teníamos crisis y discusiones de las que salíamos exhaustos, infelices, impotentes. Los dos intentamos ir a hablar con alguien. Jaque en toda la línea, yo ya me había resignado diciéndome que solo faltaba tener el coraje de partir, decirle que yo partía. Y finalmente es ella, un día, hace un mes exactamente que me dijo: «Yo me voy». No, en realidad no me dijo nada, ella partió, punto. Ella aprovechó un viaje de negocios de tres días que hice a Canadá para desertar.

Un poco de cólera atraviesa su voz en ese momento, inmediatamente sumergida en la emoción. Las lágrimas están próximas. Se calla. ¿Trata de expulsar esta tristeza a los límites de lo tolerable? ¿Es posible que en un segundo la ausencia de ese o de esa que usted quería dejar, de quien estaba separado (virtualmente) desde hace tiempo, que ya no le atraía más, pueda sumergirlo en una aflicción semejante? ¿Es el abandono que lo atrapa repentinamente y abre en usted un abismo inesperado, fuera de toda razón? Usted pensaba anunciar una separación próximamente, negociar entre humor y lágrimas las condiciones de una partida sin histeria ni drama, usted pensaba haber domesticado esta evidencia: dejarla, y repentinamente ella le gana de mano, partió, no hay de qué agarrarse, se mueve el piso, la respiración le falta y se ahoga de tristeza, en la incomprensión total de eso que a usted le pasa, por lo que usted viene a pedir ayuda. ¿Cómo resistir a la violencia de este abandono? ¿Por qué, cómo sucedió?

La psicoanalista escucha al dolor estrangularse y perderse sin poder decirse. Es el cuerpo entero que se convulsiona y en la vacuidad de las palabras, de las imágenes repetitivas, de recuerdos abiertos, un lamento anónimo se hace escuchar, sin rostro y sin voz. Juego de engaños en el que ninguno creía tomar al otro en las redes del desamor. Como en las canciones infantiles: X e Y están en un barco, Y cae al agua... ¿Quién queda? Es ese que se va quien se lleva la apuesta. Eso con lo que se va es una gran parte del cuerpo del otro, de su cabeza, de su cuerpo, de su vida misma. Precisamente él, creyendo estar «decidido a dejarla», vivía esta simple ilusión: pronto yo seré libre, bastará con anunciarlo amablemente y nos arreglaremos de todas formas. Hay que creer que el abandono es una realidad más violenta, arcaica, más sufrida que el amor. Que nos agarra ahí donde nos creemos más protegidos, invulnerables.

El abandono es el lugar primero en nuestro venir al mundo. Donde afrontamos eso que significa vivir cuando el otro no está más allí, y para un bebé de algunos días es la prueba que sin duda no tiene equivalente alguno en la edad adulta. Es el desamparo total. Porque todos nosotros venimos de a dos. El ser humano (y animal) se caracteriza por esa cosa extraña de la que Cyrulnik tanto ha hablado* en su reflexión sobre la etiología: él viene de un otro. En el comienzo el bebé es envuelto, llevado, envuelto por el cuerpo, la voz, el calor, la alimentación, el sueño de un otro. No en la soledad original excepto en algunos de nuestros mitos fundadores; la biología decidió otra cosa, nosotros venimos de un vientre que nos fabrica, nos cobija y nos lleva durante nueve meses (esto es mucho...) antes de que salgamos solos y seamos declarados (solos, de acuerdo, pero ¿no existimos antes?). «Nacemos» uno y único hasta el día de nuestra muerte. Esta entrega no es sin incidencia sobre nuestra psique, en sí misma es probablemente una de

---

* Boris Cyrulnik, *Les Nourritures affectives,* Odile Jacob, 1993. En castellano, *Los alimentos afectivos*, Buenos Aires, Nueva Visión, 1995.

las determinantes mayores —una manera de recordar que la hospitalidad es original. El otro, el más íntimo que nosotros mismos a nosotros mismos, como lo dice San Agustín, ese otro sin cesar esperado, ¿qué pasa cuando ese nos abandona? La adherencia que tenemos a la estima de nuestros primeros afectos (retomo a propósito el lenguaje «animal») tiene ramificaciones más profundas en nosotros de lo que se cree, creando todo un sistema de deudas y lealtades que nos asfixian, que podemos llegar a querer terminar con la vida para conseguir ese «fuera de la vida» donde seremos al fin libres; numerosos suicidios, por desgracia, lo atestiguan.

La psicoanalista escucha a este hombre. Ella no dice casi nada, ella escucha. Él llora y habla, un poco, muy poco, para decir siempre las mismas cosas:

—Ella me hace falta horriblemente, es su presencia, usted comprende, no nos decíamos casi nada, nada de nada, pero ella estaba ahí... y decir que yo quería que ella partiera, que ella me dejara, que se terminara, soñaba eso mismo... ¡si hubiera sabido! Ahora a cada instante me encuentro con que ella no está, es como un miembro fantasma, una parte de mi cuerpo que falta y de repente es insoportable, dejo el departamento, paso la noche afuera para fumar, para hablar con los desconocidos en los bares, eso no ayuda pero el tiempo pasa, la noche sobre todo, lo más horrible son las noches. Sin embargo ya no pasaba nada entre nosotros, no nos abrazábamos ni nos mirábamos pero ella estaba allí, eso me pesaba, usted no se imagina, pensaba en todas las amantes que me hacían falta, las que hubiera podido tener en lugar de su cuerpo, ella inerte acostada cerca de mí, y cómo me hace falta ahora. Yo querría parar de vivir, de sufrir, usted no puede comprender...

Ella queda silenciosa. Escucha esta marea interrumpida de quejas y llantos. El hombre se recompone un poco antes de abandonar el consultorio, se seca las lágrimas como un niño, dice gracias, paga. ¿Gracias de qué?

—¿Por qué lloro así? ¿Por qué me falta ella tan horriblemente, ella a la que yo ya no le prestaba atención desde hacía años? Ella me lo reprochaba mucho... Una vez llegó hasta con las botas rosas y un pañuelo negro en su cabello, una suerte de princesa rusa mezcla con Barbie, vulgar pero genial a la vez. La adoré y ella detestó que yo la adore. «¡Entonces hace falta que me disfrace para que vos me mires!», me había echado en cara. Esa noche nos peleamos, yo le pegué una cachetada, creo, compréndame, yo jamás había tocado a una mujer, es como si un demonio me hubiera salido del cuerpo, yo no comprendo nada...

Volvía a llorar.

Él apenas se alimentaba, adelgazaba notoriamente, y la psicoanalista se preguntaba hasta dónde iría este tejemaneje porque finalmente es como si tampoco ella se creyese todo ese libertinaje de dolor, por nada, por algo que llegó muy tarde, demasiado tarde; ¿no somos responsables del tiempo donde amamos o bien podemos redimirnos de todo en la vida con el pretexto de que no comprendimos nada, no vimos nada?

El abandono es una zona franca donde ninguna regla tiene curso. Un lugar de deserción, un *no man's land*, como en esos espacios al descubierto de los campos de batalla aún resguardados por un instante, donde las armas se enfrentan sin avanzar, y podríamos creer que ese suspenso va a durar para siempre, a eternizarse, a extenderse a otros territorios, pero no, hay un momento donde hay otro, la vida se reinicia y con ella la rabia de los combates mortíferos. El abandono nos lleva a la impotencia fundamental de nuestras primeras semanas de vida donde, enteramente consagrados al otro —nuestra pasión fundamental en el sentido de «padecer» tal como lo concibe Spinoza—, nosotros esperamos de él, de ella, una caricia, una palabra, un gesto, un signo al menos que nos enganche a la vida, al amor, al deseo. Sin lo cual erraremos en esos limbos pesadillescos en los que vivir no equivale a otra cosa más que a sobrevivir, ¿pero para quién?, donde la posta que toma el cuerpo para agarrar lo bueno no tiene más que un tiempo y no alcanzará. Nadie se aventura en estas comarcas y no se las vuelve a visitar a menos que esté obligado.

¿Qué valor tiene la presencia del analista contra esta violencia del abandono? ¿De qué puede ella, en este momento, protegerlo, preservarlo? Ya que el mal está hecho, que usted haya vuelto desde la partida de ella a esta lenta pesadilla que pareciera no querer terminar jamás, siendo totalmente incomprensible a sus ojos que usted pensara no amarla más... ¿de qué está hecho entonces el amor?, ¿de qué remiendo, de qué hechura mal tejida, emparchada, toma su consistencia para valer tan poco y resistir sin embargo?

Eso que se pone de sí mismo en el otro es infinitamente más vasto de lo que creemos confiarle. Alguna vez es su propia vida, otras veces su alma, su vocación, su salvajismo, su miseria, una deuda ancestral, siempre exorbitante, un valor pasado en dulzura, clandestino, que intercambiamos desde la primera mirada. Pacto secreto que escapa al destinatario como a quien lo envía, cada uno encargado de esconder el fardo muy lejos de sí, a resguardo.

En el correr de una sesión, una entre otras donde no parecía emerger nada en particular, la psicoanalista nota que él ya no llora. Y bruscamente ella notó otro personaje, encantador y divertido. Antes de partir, al pararse, él le dice que la noche anterior le volvió, con insistencia, un recuerdo de infancia. Él debía tener ocho años y esperaba a su madre en la ventana, vigilándola con sus ojos hasta tarde en la noche. Jamás sabía él por dónde ella aparecería, y siempre lo sorprendía primero, le pasaba risueña la mano sobre la nuca, escondiéndole los ojos con la palma de su mano, sus ojos que escrutaban la calle y la esperaban si era necesario toda la noche.

—Es extraño, ¿no?, eso pasó como diez veces, mil veces, ya no sé, sin embargo yo debería haber sabido que ella no llegaría por allí, no era tan estúpido en ese punto, pero volvía a hacerlo siempre.

—Y usted amaba eso.

—Sí, porque ella se reía, se reía a carcajadas, como en cascada. Creo que le encantaba sorprenderme así.

—Darle ese placer a su madre no es algo que esté dado a todos los niños, es maravilloso, por eso vale la pena fingir esperar durante al menos diez años.

Él queda en silencio.

—Es verdad, no lo había pensado. Que todo eso podía haber sido una suerte de juego.

—¿De pacto?

—Tácito, sí, tal vez, es evidente ahora. Yo sabía que ella vendría detrás mío y que yo no me daría vuelta. Yo continuaba mirando hacia adelante, escrutando los mínimos detalles de esta calle que yo podría dibujar de memoria, centímetro por centímetro, se lo juro.

El abandono es literalmente impensable. Es que viene de una región desconocida, esa donde se habría estado de golpe y existencialmente solo. Quedado solo. Eso es con lo que el evento del nacimiento nos deja y es esta tarea inmensa de llevar a cabo nuestra soledad, quiero decir eso que descubrimos allí, viniendo al mundo, es una cualidad de ser que aprendemos al quedar solos, y ese devenir soledad está ligado a nuestra humanidad más íntima, nosotros no nacemos autónomos (y hasta ahora no nacemos tampoco de una sola célula), el dos originario que deviene sí mismo, el singular presente que puede decir «yo» es un aprendizaje muy largo, mortal. Toda la filosofía no ha dejado de estar obsesionada por este tema de la soledad, de esta singular existencia abandonada al ser, en esa tarea de pensar y actuar con y contra el mundo. El despliegue psíquico, el espacio interior que nos modelamos, con el que nos construimos, hasta la edad adulta, no cesa de reencontrar al otro como nuevo para hacer a un lado eso que esta soledad construye silenciosamente y así, de pasaje en pasaje, ir con este reconocimiento del otro que no va sin la aceptación de una íntima soledad. El abandono reenvía a este terror primero y ahí todas las caras son nebulosas, las más amadas, las más odiadas se borran para no dejar este temor desnudo; jamás estar solos. Casi todos los suicidios vienen pegados a este terror, de la inutilidad de querer comunicar al otro eso que es lo más preciado ya que es este el vacío que les espera, y en última instancia *take your own life* («tomar su propia vida»), como se dice en inglés, es intentar aún un último y generalmente implacable llamado.

¿Se puede no vivir más que para sí? ¿Quién es ese otro secreto al cual todo discurso, también interior, le dirigimos? En el dolor del amor, lo que nos es arrancado no es ese o esa que amamos en la noche, que miramos a la mañana, a quien le hablamos cada día, es en primer lugar el otro desconocido de esa voz íntima, el receptáculo de nuestros pensamientos que se encuentra brutalmente huérfano; y es en esa separación en carne viva, en nosotros mismos, en esta línea de falla bruscamente abierta como lo fue para cada uno de nosotros en el nacimiento, que nos precipita en el sentimiento de que «todo está terminado», que la vida misma se acaba con este abandono. Cuando un escritor está a la escucha de esas múltiples voces que lo convocan a escribir, cuando un pintor obedece a la imagen interior que se le presenta e intenta representarla en una tela o en cualquier otro soporte, él está en relación con ese «yo es un otro» que toda creación convoca y reanima. Lo que es adictivo en la creación, eso por lo que un pintor o un músico no cambiaría por otro destino ese estado turbulento en el que está metido en el acto de la creación cuando le acontece, no es extranjero, parece, a esta soledad superada que reanima interiormente esta línea de falla conjurada en sí, por esta vez aún, en y por esta obra que se perfila en ese gesto, en ese pensamiento, ese eco.

No hay resolución milagrosa al abandono. La mujer de este hombre perdido, un día, regresó. Él la encontró en su casa un domingo cuando volvió más temprano que de costumbre. Para su gran sorpresa, él no experimentó ningún choque (el choque a posteriori, en tanto no lo tenía experimentado). Él no supo qué decirle, se sentó frente a ella sin sacarse su abrigo (estaba embutido en una campera con guantes y una bufanda, hacía mucho frío ese mes de enero), ella rio y le dijo que podía alivianarse un poco. Esta palabra, dirá luego a la analista, lo divierte, como si ella le indicara una canasta de globo aerostático enganchada a alguna parte de la atmósfera a la que haría falta alivianar el peso para conservar un poco de altura. Ellos no hablaron mucho, él le ofreció un té, eran las diez de la noche, ella dice que, si él quiere, ella podía devolverle su llave, «nuestra llave», la corrige él dulcemente, y que ella había actuado tontamente. Él había tenido ganas de tomarla en sus brazos pero no se había atrevido, ya no se atrevía más.

Ella volvió a partir esa misma noche y él no la había retenido. Al día siguiente demandó con urgencia un encuentro con su analista, desesperado por no haber hecho nada, espantado por su propia inconstancia, casi decir *inconsistencia*.

Él se sentó frente a ella, incapaz, decía él, de tomar lugar en el diván, de tomar lugar simplemente, se sentía a la vez excitado y abatido.

—Yo quisiera entender por qué no hice nada para retenerla, yo me choco con ese muro cada vez que me repito la escena interiormente.

El inconsciente es una instancia lógica. Avanza múltiples casilleros sobre el tablero de juego. Tiene frente a él múltiples amenazas a la vez y apunta a obtener el máximo de satisfacción a cuenta del adversario.

—Primera hipótesis, yo no quería que ella vuelva pero es absurdo, lloro hace diez meses su partida; segunda hipótesis, yo sabía que si ella volvía no era un verdadero retorno, que volvería a partir y que me haría aún peor. Y la última, soy un pobre imbécil que no tiene ni corazón ni cerebro. —Se sonríe—. ¿Qué dice usted?

—Usted está liberado, lo sabe y no lo admite.

—¿Liberado?

—... del abandono, de este temor que nos atormenta, a cada uno, de ser abandonado.

Y reapareciendo, piensa la psicoanalista, ella le hizo a usted un regalo inmenso de poder volver sobre la angustia de este primer abandono. Me refiero a aquel de su madre que usted acechaba cada noche y que, el día que cumplía sus dieciocho años, ella se fue con un hombre diciéndole: «Sos grande ahora, podés hacer tu vida», abandonándolo a esta única realidad, a eso que usted presentía de niño, cuando la esperaba allí. Ya que usted no sabe si ella, hoy, está viva. Su amiga lo dejó, es cierto, pero usted lo deseaba también, y a pesar de todo pudo sobrevivir. El abandono primero, materno, toca la fuerza primera que nos lleva a desear vivir. Reapareciendo, ella lo liberaba como las hadas de un encantamiento seguro. Luego, que usted la amara lo suficiente para retenerla era otra cosa...

Pero ella no podía decírselo. Eso sería muy brutal. Él le hubiera tirado su amor por la cabeza y la agitación en la que estaba no anunciaba alguna escucha posible. Le sugirió estar particularmente atento a sus sueños. Se fue diciendo que era su culpa, que no era más que un pobre idiota incapaz de amar.

De pretextos en excusas fuimos avanzando con la seguridad de nuestra voluntad y de nuestros actos, combinada con una mínima duda. ¿Pero desde cuándo estamos allí donde creemos estar? Se condujo exactamente como él deseaba para conseguir separarse de ella de una vez por todas, suponiendo que en ella encontraba una madre que él descartaba y en la que revivía cada vez un poco más dolorosamente el abandono. Prefiriendo tal vez creer que había perdido por su sola estupidez una mujer que volvió a él, rehusando ver lo que había hecho para que ella lo deje, seguro de ser la víctima y ella el verdugo, en una partida en la que prefería ignorar que él había en gran parte orquestado esto.

Ser abandonado, a falta de ser una droga de la que dependía su vida, devino en este retorno fallido de su mujer, cualquier cosa viable. Una realidad soportable, pensable y compartible. Y ella, alguien que le hace falta. Lo que pudo abordar por primera vez a través de la idealización de esta mujer dos veces «perdida», fue el duelo no realizado de una madre mil veces esperada que jamás llegó del lado esperado, ya que sabía, como lo saben temiblemente los niños, que un día ella no volvería jamás a poner la palma de su mano contra sus ojos para sorprenderlo, y que su vida estaría destinada a ceder sobre el peso de un abandono antiguo como la infancia.

Es entonces que él se enamora.

El amor la guerra

Érase una vez una niñita de diez años que tenía un aire totalmente feliz. Era linda y vivaz, los ojos bien clavados en los de su interlocutor cuando ella le hablaba. Amaba bailar y dibujar, pintar, contar y leer. En las ventanas de su cuarto había mensajes colgados en forma de guirnaldas que decían esencialmente: «¡Cuidado con el lobo!». El lobo era ese animal extraño que la aterrorizaba desde muy pequeña escondido detrás de la cortina de su cuarto o en el espeso follaje del jardín, y que ella tenía a raya con esos pequeños papeles entrelazados y pegados a los vidrios; ella necesitaba también la luz en su cuarto toda la noche y sus pensamientos felices para tenerlos como compañía. Nunca había que bajar la guardia porque no se sabía jamás qué podía inventar el lobo. Jamás le había hablado de este miedo a nadie. Eso era parte del pacto con él: «Lobo, vos no te acercás a mí y yo no hablo de vos». De esta forma, ella estaba contenta, con sus amigos (muchos), un montón de historias de pequeños celos en la escuela bastante complicadas de manejar y dos padres que se peleaban todo el tiempo. Más allá de esto, ellos se amaban, se odiaban sin respiro, no se hablaban más que a través de ella y la tomaban como testigo en el teléfono, en la calle, en todos lados mostrándose desdichados (con frecuencia) por los daños que el otro le hacía. Era una pequeña música bárbara que recomenzaba cada día, un ritual agobiante.

Aunque dos padres se desgarren, no siempre hacen hijos tristes. En efecto, los niños no pueden darse ese lujo, están bastante ocupados sosteniendo a estos padres y en la tentativa de estar a la altura, haciéndoles creer que la vida es posible y que ella vale la pena. Son ejemplares, pequeños soldados bien derechos en sus botas, armas ligeras en el puño y el ojo bien puesto sobre la línea del horizonte, eternamente alertas. No duermen mucho, lloran muy poco y no se quejan nunca.

Aprenden día tras día que el amor es la guerra, lo que aplicarán con mucha consciencia y buena voluntad a lo largo de toda su vida.

Se piensa que han escapado a todo. Se dice que no es tan grave finalmente, la madre sale del apuro, el padre se va a otro país, vuelve casado, con otro niño, y todo este pequeño mundo se codea con el olvido de la carnicería de los primeros años. La niñita es encantadora, y la encuentran mágica. Sus padres se felicitan. El olvido es la cosa mejor compartida del mundo.

Pero ella retiene bien eso, que el amor es la guerra. Desde su nacimiento hasta los diez años ella no conoció más que noches de discusiones, o casi. La violencia de las palabras, los desprecios, el chantaje, la intimidación. Las querellas, los reencuentros, las vacaciones de felicidad fugaz, cuando la tensión de lo cotidiano se apaciguaba antes de que el furor celoso de la madre se reanude. La infancia como un campo de batalla. Con un orden de lealtad incondicional.

Élise no tiene miedo de nada, excepto del lobo. El lobo vino a rondar en los repliegues de las sombras, en cada parcela de las tinieblas, en cada oscurecimiento.

Cuando sus padres se separaron se produjo un gran alivio. Bruscamente, en la casa, no más gritos. Pero muy rápido el silencio que lo reemplazó fue peor. La madre lloraba de noche, el lobo acechaba, escondido entre las cortinas y la ventana.

A los veinte años, ella era una brillante estudiante de arquitectura. Muy joven se había instalado con un amigo, y muy rápidamente habían decidido tener un niño. ¿Reparación lograda? No había conflicto en esta pareja de una sensatez casi inquietante, ya un poco de aburrimiento y mucha ternura, de atenciones recíprocas. Ella no soportaba todavía la oscuridad y camuflaba su angustia durmiéndose muy tarde, lo más tarde posible. Es después de su segundo aborto espontáneo, sumergida en una aflicción extrema, que ella decidió empezar un análisis.

La repetición es una legitimación. Usted repite sobre todo aquello de lo que quiso huir, eso que le ha hecho sufrir, pero ¿por qué? Para de alguna manera perdonar. Legitimar retroactivamente un sufrimiento pasado. Nadie es culpable, ni usted ni ellos, no podría haber sido de otra manera, la vida es así. Como si la fatalidad señalara la posibilidad misma de la supervivencia. Esta lealtad nos enceguece, nos desborda. Es como un instinto sacrificial que haría remontar la escena traumática tan bien enterrada desde el limbo hasta el presente. Usted cree reparar, y ahí donde pone más energía en no repetir lo que han hecho sus padres, vuelve a entrar en sus trazos, sin que se dé cuenta nivela el suelo y los perdona haciendo como ellos.

¿En qué Élise repetía la guerra que había saqueado tranquilamente su infancia? Ella amaba y era amada... Es que la repetición no es así de simple... no es descifrable fácilmente, reaparece parcialmente como se representa al oído un motivo melódico apenas reconocible, instrumentado diferentemente, y que vuelve a brotar en la partitura, dándole su estructura particular.

Una repetición que podríamos identificar fácilmente sería cosida con hilo blanco, una suerte de ilusión óptica.* No somos así de tontos. No, la repetición se presenta precisamente como irrupción de la diferencia, siempre otra, diferencial. Es una relación que se repite como una fracción matemática: las dos cifras pueden cambiar, pero la relación que las une sigue siendo la misma. Entonces hay que reducir la fracción para hacer aparecer la igualdad de los dos términos. El trabajo del analista es el mismo que el del matemático, pero es más bien con la ayuda de los sueños que reducirá la fracción. Observen el motivo de la fuga de Bach, lo que vuelve es obsesivo, porque lo que hace sin cesar es que aparezca lo que no está, lo que no tuvo lugar. Es eso lo que se repite: la falta. Y no lo pleno, lo vivo, el exceso. Es al contrario, eso que no se ha producido. Eso que en el vínculo ha faltado, que ha estado escondido, vuelve indefinidamente. En lo real. Porque no hay palabra para decirlo.

Cuando la analista le habla a Élise, la percibe siempre del otro lado de una frontera, replegada, asustada. Esta mujer brillante, seductora, capaz de una gran concentración y de un trabajo fenomenal, trabajando mientras estudiaba, sosteniendo los desafíos, se veía ella como enfrentando al monstruo. El monstruo de las historias que les leemos a la noche. Tenía la impresión de que

---

* En francés, *trompe-l'oeil*, «engaña el ojo», en arte «trampantojo» (trampa ante ojo) es una técnica pictórica que engaña a la vista jugando con el entorno arquitectónico, la perspectiva, el sombreado, consiguiendo una intensificación de la realidad o una sustitución de la misma. [N. de T.].

era frágil como el vidrio, que la niña abandonada se había construido una armadura de acero con unas largas hojas afiladas y una visión de largo alcance. Vigilante de los alrededores. Porque vendría a sorprenderla. Sobre todo en la noche. Es esta armadura que corre el riesgo de hacerse pedazos de un golpe, volar como el vidrio en una explosión, que ella retiene en su silencio. Es desde afuera que ella se observa. Habla como si no se tratara de ella misma, pausadamente, fácticamente, buscando comprender y sin aparente violencia. Pero tan al acecho que es agotador. Agotador verla debatirse en ese combate con ningún otro adversario que ese tiempo detenido allí, en las guerras de infancia. «Dejada a pie», se dice la psicoanalista mientras la escucha. Como se encuentra abandonado un niño cuando la cólera, las palabras hirientes, la incomprensión, los golpes y el rencor ocupan en la casa el lugar y el corazón de los padres. ¿Qué espacio le resta al niño? Ninguno. Ya que es en primer lugar el niño en ellos que los padres saqueaban.

Estamos hechos de la textura de los fantasmas, de ellos está hecho nuestro linaje y los otros, los encuentros de paso, los sueños, las posibilidades, los encuentros fallidos, las esperanzas. Nuestros fantasmas saben mejor que nosotros eso a lo que hemos renunciado. Estar bañados en la guerra («bañados» y no «elevados», ya que ser elevado, en ese caso, supone una elevación, un sostén, mientras que en esta infancia, el temor es por todas partes el maestro del juego) significa que no podemos ni ofrecernos en el amor ni perdernos, solamente intentar guardar el frágil territorio que arrancamos a la violencia. La arquitectura era el intento de Élise de ofrecer a otros la casa que ella habría deseado para ella misma, una casa de corazón que los guarda y los protege, donde puedan soñar, descansar, imaginar, amar. Los fantasmas no tienen miedo de la muerte, están más allá, te miran desde el otro lado, la angustia que te embarga les es desconocida, son los muertos que te hacen señas desde el borde de la vida.

Los abortos espontáneos son accidentes provocados por diferentes razones fisiológicas, psicológicas, pero una vez dicho esto, no implica nuestra ignorancia del sufrimiento padecido... Élise no llega a hablar, se acuesta cuidadosamente sobre el diván, se saca sus zapatos conforme a un ritual inmutable, como si entrara allí en un barco que nada lo amarrase a las orillas de lo cotidiano, lugar encantado y monstruoso que la llevaría... ¿dónde? Esos fetos que no pudieron vivir la devoran, ella piensa que vienen de ese monstruoso sufrimiento que, de niña, le hacía pedir a la Santa Virgen librarla de los gritos, las disputas y las lágrimas, de su mala fe sin límites, sus reconciliaciones tan frágiles previas a la próxima crisis. El espacio reverberado de sus enfrentamientos era infinito. ¿Entonces cómo dar la vida, guardarla en ella nueve meses, en confianza? ¿Qué confianza? Élise no descansa más que cuando dibuja o diseña esos espacios cerrados, protegidos del afuera; ella inventa pasajes, extraños pasillos, se escabulle en todos esos lugares que hacen límite entre el adentro-afuera, el pasaje del exterior al interior, los vestíbulos, las entradas, los corredores, las ventanas, los umbrales, eso la fascina.

La psicoanalista intenta hablarle de otro modo contándole historias, las historias que ella no había tenido tiempo de escuchar de niña, ocupada como estaba en esconderse bajo las sábanas esperando que eso terminara, suplicando al cielo que todo terminara al fin. La psicoanalista recuerda los cuentos que su madre le leía, haciendo aparecer universos donde la lógica está dada vuelta, donde los monstruos devienen príncipes, donde las princesas encerradas por las brujas en lo alto de torres inalcanzables son salvadas por jóvenes, donde los caballos tienen alas y los gatos saben hablar. Élise se apacigua, no busca más comprender a todo precio, depositar su angustia en pequeños compartimientos pintados sobre planos milimetrados. Ella comienza a entrar en la danza de las palabras de los niños, esas palabras de los cuentos que tienen un poder de metamorfosis muy antiguo, un poder que nadie puede controlar, ni siquiera (sobre todo) la narradora. Élise llora algunas veces y se sorprende, pero ya no está triste. «Perdón», se excusa y se incorpora con un rostro rejuvenecido donde hay, de repente, un poco de espacio en la mirada, un espacio sin estragos.*

Ella habla muy poco, escucha las historias que la analista no puede hacer otra cosa más que contarle, como un pacto secreto. La psicoanalista relaciona los cuentos con otros cuentos, toma también partes de novelas *La princesa de Clèves*, *Don Quijote*, *Rojo y negro*, *La prisionera*, como si no hubiera ahí llaves pero sí pasajes, los mismos que la mano de Élise busca cuando traza sobre las hojas blancas los lugares prometidos a otras construcciones, a otros espacios.

Un día Élise le cuenta un sueño. Es un bebé que lleva de la mano, está enfermo, sus piernas están congeladas y el frío gana su cuerpo, piensa que no podrá salvarlo, se lo confía a otra madre y se va; ella se pierde en lo negro, se va a la casa de sus abuelos

---

* Marie-Magdeleine Lessana, *Entre mère et fille, un ravage*, Fayard, 1999.

maternos, sale al jardín, es de día de golpe y, ahí, encuentra unas tijeras que había perdido mucho tiempo atrás (en la realidad, era la víspera, ella se había enervado toda la tarde buscando su *cutter*), ella las agarra y se corta, sale sangre, se frota su mano con tierra y la sangre para, se dice entonces que son las tijeras mágicas, que las había olvidado y las había tomado negligentemente, mientras había que manipularlas con una extrema precaución ya que, con ellas en mano, nada podría sucederle, tenía un arma mágica.

Dice que no entiende nada de ese sueño, solamente que le recordaba la casa de sus abuelos, con quienes vivía en un refugio de paz durante un mes al año, puesto que ellos vivían lejos, fuera de todo odio. Habían muerto los dos en un accidente de auto cuando ella tenía catorce años, y lo repentino de esta desaparición, así como su incoherente brutalidad, había puesto fin a la dulzura de esos veranos. La casa había sido vendida. Élise se pregunta por qué también allí había sido necesaria una muerte violenta de esos seres que ella siempre había percibido del lado de la dulzura y de la generosidad, también de la melancolía. La abuela era americana, había nacido el año de la Gran Depresión y había emigrado con sus padres lejos de una América desangrada, para ir con la familia de una lejana prima europea. De ella solo le quedaba el recuerdo de ese acento cantado y de su pésimo francés, y partecitas de canciones infantiles que hacían *ritornelo*. La psicoanalista sugirió que el bebé del sueño debía ser ella, una parte de su ser que ponía en manos de sus abuelos, es decir psíquicamente en un lugar preservado, protegido de todo ataque. ¿La muerte accidental de sus abuelos venía a pagar en última instancia esa violencia que atravesaba a la familia desde siempre, suerte de guerra íntima que venía a minar toda tentativa de vivir a salvo, en una relativa armonía? ¿El bebé venía a decirle que, también en peligro, él estaba de todos modos representable y vivo, y que ella, Élise, podía apostar sobre las fuerzas de vida que la habitaban?

No sabemos qué son los sueños, ignoramos casi todo de su formación, de su utilidad, su intensidad, su significación, si tienen una. Para muchos neurólogos, no hay significación a buscar en esas imágenes que serían los restos inutilizables del material encontrado durante la jornada y que el espíritu de alguna manera evacuaría el sobrante, en un desorden total. Es sin embargo extremadamente inquietante asomarse a los sueños. Su precisión, su textura, su resonancia íntima, el material inaudito que ponen muchas veces a disposición del soñante yendo a buscar los lugares olvidados, nombres de una precisión absoluta procedente de cuatro generaciones pasadas, un saber histórico prácticamente sepultado del todo, me hace pensar que son los indicadores de nuestra psiquis, las cartografías de un cielo celeste ignorado por nosotros, suerte de criptograma indicando la posición de nuestras estrellas. Si escuchamos el mensaje, si estamos atentos a su valor, tal vez estamos aún muy perdidos en una lengua tan difícil de descifrar, pero creo sin embargo que el relieve de nuestra existencia se encuentra incrementado, intensificado, magnificado. Se teje en ese diálogo interior una capacidad, una inteligencia de estar vivo y de las relaciones humanas, que me hace pensar en esa que encontramos en toda gran literatura, y que excede toda posibilidad de interpretación exhaustiva.

Las piernas del bebé, decía ella, estaban congeladas. El congelamiento, el frío que les gana, son también imágenes del efecto de parálisis de la neurosis, ya que ella aísla una parte entera de nuestra psique (de nuestra capacidad emotiva) para que ella no sufra tanto (¡es loca la consideración que hay en nuestro inconsciente!); el problema es que esa invasión del frío, esta progresiva desensibilización, no es sin riesgo, ya que la emoción se encuentra desconectada del sujeto, ya no hay modo de saber si él sufre, si está contento o triste, enojado o aterrado, se cree invulnerable y puede por tanto ponerse en peligro de verdad. Las piernas del bebé, es esa la promesa de autonomía futura, es por ellas que podrá poco a poco erguirse, alejarse de la madre, explorar el espacio. Si no dispone de esas piernas, si ellas están entumecidas, cómo podrían llevarlo fuera de la cuna o del abrazo materno. Es la garantía de un eterno «estar cerca de ella» o de quien la representa. No siempre nos damos cuenta del congelamiento, es muy insidioso, se insinúa en el repliegue de sí y lo guarda en un encantamiento suspendido como en ese mito nórdico en el que una niña abandonada se encuentra entrampada en un universo de hielo bajo la autoridad de la Reina de las Nieves. El congelamiento no es una solución al trauma, es lo peor, ya que el frío corta la vida emocional, pero además gana al resto del cuerpo y de la psiquis. El frío no es estático, no es una amputación con un límite claro entre lo que ha desaparecido y lo que resta vivo, no es un espacio dinámico sin límites trazados de antemano. Eso que llamamos el «clivaje» en la jerga analítica es comparable al efecto de congelamiento que este sueño representa. ¿En qué se convirtió ese bebé representado en el sueño? Una joven mujer que parece funcionar, ir hacia adelante, tomar decisiones, pero cuya capacidad de acción no está disponible emocionalmente. Está frigorizada, ella debe esperar que se levante el encantamiento. Esperar toda la vida tal vez. Continuará avanzando con sus piernas congeladas (la memoria helada de disputas, de reproches que estallan, la guerra servida bajo el pretexto del amor), sus acciones irresolutas, su terror a la noche, sus abortos espontáneos. Entonces cómo lograr que su cuerpo le dé oportunidad a un embarazo, ¿cómo imaginar que, con un niño, eso sería diferente, que ella no volvería a ser embrujada una vez más por esta guerra como precio exorbitante de la posibilidad de ser madre?

Élise en contacto con este sueño entra en calor. Ha aceptado dejar entrar en las sesiones a esta pequeña niña aterrorizada por el lobo y, por tanto, al lobo mismo.
    El lobo era él solo todas las disputas, todas las violencias.
    Agazapado en la sombra, la acechaba en lo negro. Ella no tenía derecho ni de estar triste, ni de incumplir, ni de llorar, era necesario ser, cueste lo que cueste, una niñita muy linda y muy alegre, y tener ese respeto por el animal todas las noches.
    En la habitación clara de la analista, ella ha salido al encuentro del lobo; se ha vuelto (al fin) un poco triste. Habló de noches de insomnio, de su angustia y de su miedo, ha depositado allí todo ese horror y ese pánico que la niña tanto esperó que fuera sometido a la misma violencia. Devorado crudamente.
    Luego queda embarazada. Fue una niñita. Ella la llama Lou.* Y muy pocas personas alrededor de ellas saben lo que ese nombre lleva como victoria sobre la violencia. Se le imputa a su psicoanálisis una depresión de un año y se la pone en guardia contra todo este «dolor de cabeza» inútil. Ella respondió que se le había dado el derecho de estar triste y de amar y, quién sabe, de entreabrir la puerta al lobo.

---

* «Lou» suena igual a *loup*, en castellano «lobo». [N. de T.].

Guardar el secreto

¿Por qué es tan difícil dejar esas lealtades de la infancia que exigen de nosotros el pago de una deuda impagable —en ocasiones hasta el suicidio? ¿Preferimos entonces ese sufrimiento a nada? La idea de que aquellos que nos han engendrado son indiferentes, incluso francamente hostiles a nuestra existencia, es simplemente irrepresentable y cuando ella se insinúa, sin embargo, es todo el cuerpo psíquico que se gangrena, y deviene esencial inventarse a todo precio un sentido, una exigencia, para no desaparecer. Y nos hace falta entonces guardar el secreto. El secreto sobre esta indiferencia, este maltrato. Jugar la comedia del amor, de los sentimientos, y hacer callar eso que llora por dentro.

Guardar el secreto, sí, un tiempo más... Esta certidumbre nos viene de más allá del cuerpo, más acá de los ríos y de los muertos, de un paisaje desconocido, ese continente de otros rostros todavía, de otros mundos, de otros nombres. Eso empieza a partir del olvido, de esa manera, el olvido de un cierto rostro, el resto viene alrededor, por añadidura, se desprende poco a poco, una vida común afectada de nada, progresivamente arrasada por la blancura.
Algo queda, a pesar de todo, vivo, escondido en el interior de las cosas como un minúsculo repliegue que contendría la voz, lo

salado, lo mordiente, la apariencia, la luz, todo, un repliegue desgarrado al azar de una música, de un movimiento del cuerpo, de algunos pasos en una noche de insomnio. Las cosas así reinan sobre nosotros a través de los minúsculos fragmentos de tiempo. Esta efracción que ellos operan, sin saber, en el recodo de una ensenada, de un acantilado, de una hora vacía, allí donde no hay nada justamente, solo el aburrimiento, el olvido.

Entonces podríamos perderlo todo. Y contemplar que alguna cosa llegue; como un comienzo, un espacio. Haber perdido todo y del interior de esta carencia exponerse a que otra cosa, por demás secreta, que no imaginábamos poder perder, te sea quitada. Una cosa tan íntima como tu propio nombre.

El amor la alegría

> Quítense la melancolía y todas las tristezas, alabado sea el espíritu de tempestad, salvaje, bueno y libre, que danza por los pantanos y las tristezas como por las praderas.
>
> NIETZSCHE, *La gaya ciencia*

¿No es que es eso el amor al comienzo? Una cierta alegría. «Jamás hay que posponer ninguna alegría», se puede leer en uno de los grabados en relieve de Herculano. Posponer, nuestra neurosis esencial: pensar que la vida verdadera comienza mañana y, en la espera, soportar la tristeza, evitar pensar, ignorar el presente. En latín, la alegría es *gaudia*; así «godemiché» viene de *gaude hini*, nos recuerda Pascal Quinard.* Del objeto de placer a la fuente de toda voluptuosidad, la alegría se nos escapa. No reductible ni al placer ni a la voluptuosidad, la alegría se encuentra al mismo nivel que el miedo a la muerte, bastante más que una emoción: una experiencia existencial. Sin duda, porque sentirse vivo, enteramente vivo, es extraño. La alegría es la única sensación humana

---

* Pascal Quignard, *Le sexe et l'effroi*, Gallimard, 1996. En castellano, *El sexo y el espanto*, Barcelona, Minúscula, 2005. [N. de T.].

que nos totaliza. A la pregunta: ¿cuál es el objetivo de la vida? Séneca contesta: «*Cibus somnus libido per hunc circulum curritur* —el hambre, el sueño, el deseo, he aquí el círculo que nos arrastra». Vivimos a menudo lejos de nosotros mismos, extenuados, atormentados, ausentes de nosotros mismos. «Todos los hombres se transmiten su angustia como una epidemia», señala Epicuro. La angustia llega cuando el sujeto no quiere saber de qué sufre. Una sorda culpabilidad se insinúa hasta despojarlo de todo deseo. ¿La alegría puede librarnos de la angustia? No siempre... A veces es doloroso liberarse de los obstáculos. Renunciar al síntoma es exponerse a la vida desnuda.

Los filósofos desconfían de las emociones, sobre las cuales no podemos fundar ningún universal. ¿Cómo la alegría podría iluminar nuestra condición humana, mucho menos prepararnos para morir? Sin embargo, nos podemos preguntar si la estructura misma de la consciencia es alegría. Dado que la consciencia es siempre consciencia de algo, vuelta hacia un más allá de sí mismo, y la alegría es una expansión del alma, una ampliación del ser fuera de las fronteras del yo [*moi*]... decimos entonces que «inunda» el alma, que la eleva; es un dato puro. En realidad, pocos filósofos, excepto Spinoza, pensaron realmente la proximidad entre la alegría (el *joy* de los trovadores) y la exaltación amorosa, incluso mística.

¿Y si la alegría encontrara su origen en el cuerpo y la voz materna (como mundo, espacio, resonancia) cuando transmite al recién nacido el secreto éxtasis de un amor donde cuerpo y pensamiento no se separan? La capacidad de trascendencia de la alegría sería este punto de encuentro vertiginoso en nosotros mismos con *el otro*. Y en la aquiescencia, una disposición al pensamiento y al compartir, a la inversa del odio que polariza al otro como enemigo exterior.

Es el niño sin duda quien mejor sabe alojar, cuando cada acontecimiento es fuente de una intensidad casi hipnótica. Porque experimentar la alegría es estar en un puro presente. Aceptar ser transportado hasta perderse, pero sin violencia. Orfeo lleva su canto para Eurídice hasta las puertas del infierno con la orden de «no darse vuelta»: darse vuelta encierra al otro en la fijeza, el pasado, la nostalgia.

La alegría nos hace experimentar ese momento en que la vida entera, como lo dice Nietzsche, es aprobada. En *Les Aveux*, San Agustín* lo dice de otro modo: «El amor y la alegría son raptos». Entre la alegría y el amor existe el espacio del encuentro, del rapto amoroso que les hace exaltar haber encontrado al fin a este otro, que los atrae y transforma, y cuya sola presencia los imanta y colorea el real alrededor de una intensidad sin igual.

> Oh, mi viejo corazón: el dolor dice: «pasa» / Toda alegría quiere la eternidad de todas las cosas, quiere la miel, la levadura, una medianoche de embriaguez, tumbas, quiere el consuelo de las lágrimas vertidas sobre las tumbas, quiere un ocaso rojo y oro. — ¡Qué no quiere la alegría! Es más sedienta, más cordial, más hambrienta, más aterradora, más secreta que todo dolor.**

---

* San Agustín, *Les Aveux* (nueva traducción de *Confessions*), POL, 2007.
** Friedrich Nietzsche, *Ainsi parlait Zarathoustra*, Gallimard, Folio. En castellano, *Así habló Zaratustra*, Madrid, Alianza Editorial, 2003 [N. de T.].

Un encuentro*

Es casi de noche. Ustedes son tres, se aman como los grandes animales un poco tristes que al tocar de la piel son llevados de regreso al lado de los vivos. Son dulces y ardientes, llenos de deseo y de pudor, en este impudor extremo del deseo. Está la huella de una habitación extranjera, la penumbra de los muros, la densidad palpable de la oscuridad alrededor de los cuerpos. Un hombre, dos mujeres, no del todo desnudos.

¿Qué sucede cuando aceptamos que aquel al que amamos ama a otra, en el momento exacto en el que los cuerpos se buscan y se ensamblan? ¿Qué pasa en sus ojos, en sus sentidos, en su espíritu, en esta inteligencia del amor que no percibe límites para su exploración? Lo imprevisible, es lo que va a suceder esa noche y que no se detiene en la piel, ni siquiera en el goce, que se desata en esa habitación, entre estos muros, en el lugar exacto donde eso pasa —el corazón— con todo lo que ignoramos de su propia

---

*Deseamos aclarar que en francés la palabra «encuentro» (*rencontre*) es de género femenino, y por eso todo el capítulo se encuentra atravesado por la referencia o la calificación en este género. [N. de T.].

tristeza, posesividad, celosía,* alegría, con la ignorancia también de lo que harás más tarde, y que llamamos tan livianamente: recuerdo. El encuentro, el que sea, es ese espacio íntimo, desconocido, que se despliega en ustedes frente a lo que sucede allí y que no entra en ninguna lengua preestablecida, pre-registrada. No, ustedes no están preparados para lo que llega. ¿Cómo podrían estarlo? Podríamos decir que el amor se aloja en ese espacio sostenido, fracturable, donde lo que se comparte es con vuestro consentimiento pero sin que puedan comprenderlo ni aprehenderlo en las fronteras de su yo antiguo. El amor es el despliegue de ese espacio mismo. Después están solos, cada uno. Y lo que viene allí, aún no les pertenece completamente, pero le pertenece a lo que tuvo lugar, una vez.

Un encuentro llega. Y es lo imprevisible mismo. Admitir que todo sea conmocionado por ese amor, que sobreviene un tiempo, un espacio nuevo, sin huellas, sin gramática, es ese contra qué frente al cual sus lealtades múltiples se alzan, pacientemente defendidas desde la infancia. Pues el encuentro amenaza el frágil equilibrio donde ustedes se mueven: es esa *terra incognita* donde sus capacidades de percibir, de amar, de estar presente —es decir sus capacidades de inteligencia— se reúnen para afrontar lo desconocido.

Miedo de caer. Ese vértigo delante de la posible traición... Tres cuerpos entremezclados, y después el sentimiento como una hoz

---

* Usamos «celosía» (en lugar de «celos») para *jalousie* de forma que se articule en el capítulo así titulado que «ella» es la celosía. [N. de T.].

que viene a romper el equilibrio, los juegos, la ligereza. Se inmiscuyen la duplicidad, el secreto, la excitación inmediata. Tomarle el gusto a otro cuerpo mezclado con aquel que uno ama. Sorprender en sí la inquietud, luego el apaciguamiento. Una dulzura muy arcaica. Poco tiempo después, las primeras angustias... ella los va a tomar, ella ya le hace falta, se van a eclipsar, dejarlos, él va a pensar en ella todo el tiempo, la obsesión crecerá con la pasión y estarás allí, cerca de él, dolorosa, apasionada. ¿Cómo inventar una figura del amor sin sufrir, sin padecer la posesividad, la angustia del abandono? Eso les va a demandar una fuerza en verdad poco común, una integridad particular, del espíritu, de la ternura (enormemente), pues si no, todo se arriesgaría a cambiar de forma abrupta. Tres cuerpos hacen el amor, se funden, vuelven juntos a la superficie, se hablan y están juntos en la noche como un fondo liso de materia pura.

Esta figura de trío amoroso no se sostiene en pie: ¿cómo pueden amarse dos mujeres y un hombre? ¿No traicionarse, celarse envenenarse, querer tenerse, retenerse, querer que el otro sea solo para uno? Aprender la desposesión y la caricia. Un encuentro no es un saber, no nos lo apropiamos, es una textura poética que se apodera del cuerpo mismo.

Los tres amantes se separaron. Ninguno quería sufrir, todo había sido tomado, los tres se habían prendado, pero todos se habían liberado también, extrañamente acordado en este amor. ¿Cómo separar el amor de la amistad? Es lo que intentaron, con desacierto.

Más tarde, a la psicoanalista, ella dirá:

—No le hablaré de eso. De ese año mágico, inolvidable y triste en el que fuimos tres. No hay nada que decir, no hay más que recuerdos, ciudades desconocidas donde estuvimos juntos, esquirlas de voz, trozos de cuerpos recortados en la luz, abrazos, preguntas sin respuestas, una emoción indecible. No se destruyó nada pero nosotros fuimos modificados, ahí donde pensamos que no podíamos serlo. La sexualidad entre nosotros fue muy sabia, cada uno protegiendo al otro de su demonio, de su fogosidad, de su pasión, del miedo a separar a los otros dos y estropear el vínculo. Le hablaré del resto, de mi búsqueda, de la escritura, de mis hijos, de mis amigos, de mis rupturas.

—Usted me lo dice sin embargo...

—Sí... quizás para que haya un testigo, para que eso exista. Que pueda ser oído por alguien sin ser destruido, ni siquiera interpretado.

—¿Usted cree que yo quiero interpretarlo?

—Sí, necesariamente, porque arriesgamos las fronteras admitidas del amor.

—Pero otros vivieron historias semejantes, no son los únicos...

—Lo sé, nada extraordinario en sí, pero para nosotros lo fue. Es poner en juego una libertad particular, que realmente no queríamos ni deseábamos pero que nos transportó.

Y en el análisis no se evocó más ese «tiempo». En los sueños, con frecuencia, aparecían tres personajes. El encuentro es una figura del reconocimiento. Podemos diseñar así lo que en sí nos precede y nos guía. Los sueños son también un encuentro.

Eso fue olvidado. Pero de cada olvido nace una aptitud particular, una voluntad de herida, como el que emigra y sabe que recordará siempre con nostalgia esa tierra natal que sin embargo abandonó. El exilio nos coloca en una disposición particular donde sabemos que vamos a estar *tocados*, atormentados, por cualquier cosa que se perdió, pero como en el póker apostamos sobre lo desconocido, suponiendo que después nuestro corazón puesto a prueba será más vasto, como agrandado, que nuestra inteligencia será más lúcida, que nuestras emociones encontrarán una alimentación y una capacidad renovada para admitir lo inédito. Lo que en nosotros se vuelve hacia lo desconocido es más bien raro, somos animales gregarios y desconfiados. Admitir lo desconocido está fuera del territorio de la neurosis, es todo lo que ella teme. Su obsesión es eso contra lo que, pacientemente, ella construye nuestras defensas. El inconsciente podría parecerse por ciertos aspectos a un vasto procesador de tipo Deep Blue (torneo de ajedrez), donde todas las posiciones, los actos, palabras, reacciones anteriores de los jugadores son memorizadas para poder ser puestas a disposición del sujeto (o más bien del soñador, puesto que aquí es sobre todo el soñador quien dispondrá); solamente aquí, si esta máquina puede calcular a la velocidad de la luz cuál es el mejor paso a dar en tal o cual situación en función de todo lo que ha sido stockeado durante una, dos o tres generaciones y durante toda la vida del sujeto mismo, a ella le cuesta concebir lo «nuevo»; lo inédito le es prohibido —impensable. Puesto que esta maquinaria (¿cómo nombrar la neurosis?) no tiene la capacidad de inventar otra cosa que una combinación de lo que ya fue hecho o vivido. Lo nuevo es un riesgo prodigioso. Lo inédito es antinómico respecto de la defensa neurótica que le opondrá siempre las fidelidades anteriores, los juramentos a respetar, las promesas a mantener, incluso cuando ellas no fueron realizadas por el sujeto sino sesenta años atrás por un ancestro deshonrado.

El encuentro es otra metáfora, bastante dulce, de lo inédito cuando se posa detrás de usted un instante y le sopla una propuesta ilícita. Porque a los encuentros nada les gusta tanto como que transgredamos las fronteras conocidas, eso es bien sabido. Y mientras tienen lugar, se apuesta fuerte porque hay amor en juego. Porque de todos modos, qué más bella expresión de lo inédito que el amor, cuando nada pasa como lo habíamos previsto, imaginado, querido, y sin embargo nos sentimos liberados del peso de la espera, y en fin, agradecidos.

Cada encuentro (verdadero) es el relato de una anunciación.
Que anuncia la vida con la palabra. Al menos lo que se nos representa por la palabra, cualquier cosa que lo fecunda sin tocarlo, que necesita ser admitido, llevado, que enjambra más lejos esta palabra sin embargo destinada a usted solo.

Hay otras posibilidades. Un hombre y una mujer se dicen adiós. Punto. Ese adiós los supera infinitamente, no es ni la suma de sus palabras ni la de sus emociones, va más allá, por debajo de ellos mismos, reclamarse ese otro espacio —¿una profecía íntima?— que es nombrado acá «encuentro», a falta de uno mejor. ¿Cómo calificar lo que no existiría sin ese adiós, sin ese café, sin esta luz del fin del verano con el ocio alrededor, la sala medio vacía, la camarera soñadora que sirve a otros clientes, el perro somnoliento cerca de la entrada, el calor? Este adiós pronunciado, pero apenas tan asombroso que impregna el espacio, los mismos gestos y cada sílaba pronunciada, que nació hace más tiempo que ellos mismos, esos que se dicen adiós, no se recordarán más, y cuando se desprenda de ellos al fin, en la evidencia de lo que fue intercambiado, ya no será más necesario. Los trae de vuelta a ambos a su existencia de seres separados y a la certeza de haberse amado, haciéndoles olvidar cualquier otra cosa que esta falla de pronto abierta, evidente, de su libertad, su deseo contradictorio: besarse, perderse.

Lo imprevisible, eso, puede enloquecer. Tomarle el gusto es correr el riesgo de perderse verdaderamente, cuerpo y bienes, y querer eso cada día aún más. El des-encuentro (el adiós) es aún un encuentro, un espacio desconocido entre vos y yo donde lo que se despliega es ignorado por nosotros y nos pertenece, sin embargo.

El encuentro es un acontecimiento filosófico. Un deslumbramiento. Es difícil hablar de una experiencia vivida en tanto ella está aún viva, las palabras serán siempre inadecuadas para traducir esta cualidad de presencia a un otro, de excitación intelectual, de fiebre de escritura a la cual abre un verdadero encuentro. Al querer explicarlo se arriesga a desnaturalizarlo, a traerlo hacia el lado de las cosas partibles. Ese llamado al cual usted responde no tiene límites, si no es por la capacidad del cuerpo de sostenerlo, de darle hospitalidad precisamente al pensamiento. La filosofía no es otra cosa que la vida en acto, «la vida en la amplitud», escribió Patocka. Una parte de muro blanco iluminado por el sol de septiembre es suficiente, en su simplicidad, para resumir lo que en el real nos aparece sin llegar nunca a nosotros. Y es ese doble movimiento a la vez de presencia para nuestra percepción

—simple, unívoca— y ese retiro al interior mismo de lo visible que lo funda, eso que lo vuelve absolutamente singular, que nos obliga a pensar. A amar también, si por amar entendemos este encuentro de un otro que nos conmociona alcanzándonos al corazón y nos abandona también, exactamente.

¿Qué es lo inesperado? ¿Es lo que lo alcanza más allá de los límites que había prescripto su imaginación? Lo inesperado toma raíz en la esperanza y en la derrota, al mismo tiempo que la realiza.

Esta voz, ubicada detrás de usted, en el hueco de su cuello, en el nacimiento del hombro y que parece dictarle esas cosas extrañas que usted no logra descifrar, ¿de dónde viene? ¿No es así que podríamos considerar al encuentro interior como el que preside toda creación? Es captar una lengua extranjera que lo convoque a usted como si ella debiera ser justamente la más familiar entre todas, como si fuera la cosa más natural del mundo susurrarle así, bien cerca, una verdad de la que usted no comprende nada. Lo inesperado es una cualidad del real. La más violenta quizás, ¿es la razón por la cual queremos a cualquier precio evitar la efracción?

Un encuentro. ¿Por qué tenemos tanto miedo? ¿Qué le va a suceder a usted? Es como si de repente el mundo le penetrara la piel. Es la historia de usted que lo atrapa. Avanzamos allí donde otros antes que nosotros ciertamente avanzaron pero cada vez es única. Inédito. Así opera lo inesperado, no realiza una promesa, la desborda por todas partes.

Entrar en esta historia, decirle sí al encuentro, es aceptar ser desposeído. ¿Pero eso qué quiere decir? ¿Un ser nunca le pertenece a usted? No, ni su amor, ni su pasión, ni siquiera su presencia. Todo puede desaparecer, olvidarse, perderse. Hay que estar loco para hacer esa apuesta insensata por el amor. Es esta inconsciencia misma que es magnífica, contraria a todas las estrategias de compromiso de la neurosis. ¡Pero, Dios, qué profundos son los miedos que nos habitan...!

Cuando un hombre llora, está invadido por una pena a la que ninguna persona puede ni debe acercarse, usted se calla y lo toca muy dulcemente como a un niño. Usted querría partir, llevarlo lejos de esta tristeza que lo separa de todo pero que lo alimenta también de imágenes violentas y dulces que usted jamás conocerá. Vivir es hacer una brecha a lo inesperado, o no haber dejado nunca de lamentar lo que no tuvo lugar, lo que se escapa antes de comenzar. Pero el despertar arriesga ser brutal; usted no podrá reponerse.

Siempre repetimos las mismas cosas. Estribillos en bucle en la cabeza. Lo mismo ocurre con los acontecimientos. Como si algunas pistas estuvieran grabadas en nosotros, listas para recibir el mismo aire, la misma y dolorosa cancioncita venida de la infancia, mientras que las otras estaban presentadas sin memoria, inalcanzables, como si siempre tuviésemos que retomar el mismo camino, a lo largo del mismo muro y no llegar jamás al final del trayecto del cual, sin embargo, terminamos por conocer cada detalle, el movimiento de la luz a cada hora del día, las distintas asperezas de la piedra. La neurosis no es más que la paciente *mise en place** de una cortina de humo que nos hace creer que la escena cambió, que el sendero no es más el mismo, las montañas a lo lejos se desplazaban, alzaron vuelo —mirá— y el cielo también.

Un encuentro es lo que llega. Un acontecimiento puro. ¿Cómo recibir eso en sí? Los niños lo saben por instinto. Proust anotaba en pequeñas libretitas las cosas más diversas, pero a la manera de un compositor que establece una jerarquía secreta entre los sonidos colocándolos en un pentagrama. Es ese orden secreto que hace que se mantengan juntos los elementos dispersos de nuestra percepción, los pequeños eventos del cotidiano de repente iluminados retrospectivamente por una palabra tachada, casi ilegible. La escritura reúne la materia misma del viviente que de este modo ella aloja, aceptando de ese viviente que haga continuamente efracción en ella —al menos en literatura. Todo lo que sedimenta en nosotros quiere difuminar ese recuerdo de que somos mortales y destinados, de esta forma, a lo imprevisible de la muerte (la cara oscura, angustiante de lo inesperado). Las emociones de este modo recubiertas de yeso, de tonterías de toda especie, no pensadas, congeladas, atrofiadas, no vienen más a molestar el curso de nuestro pensamiento arriesgando llevarnos hacia esa tristeza antigua, irresoluta. La sedimentación es el genio del tiempo que pasa, nos volvemos cómplices así de una extraña maquinación que prefiere a los vivos medio muertos y al amor con una suerte de «moribundez», un regateo barato de los sentimientos.

* Expresión francesa para designar la disposición, el emplazamiento, de los elementos colocados en un determinado orden, antes de empezar la acción. Se usa en el teatro, en la cocina, en el diseño de interiores. [N. de T.].

¿Cómo nombrar a esta parte salvaje de nosotros mismos que resiste a toda forma de vínculo, que se desata y desapega al mismo tiempo que el amor la lleva? La soledad nos recuerda nuestra muerte, ese inconcebible fin de sí y de todos los otros para nosotros en este instante. En ese retiro que llamamos estar solo, ¿no es un poco el comienzo de esta muerte que buscamos, como si pudiese no ser grave sino justamente padecerla así de una manera liviana, embriagante —una muerte evitada, desarmada de la cual conservaremos solamente un poco de ese gusto secreto?

La muerte es lo que llega. Encuentro inesperado, ella también, como el amor. Porque, si bien podemos esperarla, desearla, temerla, provocarla, permanece como espacio absoluto de soledad, cosa a la cual en la vida estamos consagrados sin probarla jamás. Huimos, dejamos, nos quedamos a solas en su habitación, contemplamos el cielo, nos asombramos de no encontrar más que un recuerdo fugitivo de nuestra inquietud. Lo inesperado es un giro del tiempo humano, quiero decir, del tiempo tal como se proyecta en nosotros continuamente, a partir de imágenes fragmentadas de nosotros mismos que nuestros gestos y palabras dispersan. Este giro es una fractura. Hay un antes y un después. La palabra profética viene de allí, de ese espacio creado por esta fractura íntima en que la resonancia se persigue fuera, mucho tiempo, como un fuego.

Querríamos no sufrir. «Preferiríamos no», como Bartleby[*] delante de su muro. No sentir la subida inquietante de la angustia, no probar la violencia de las crisis de llanto cuando la celosía

---

[*] Herman Melville, *Bartleby*, Gallimard, Folio. En castellano, traducida por J. L. Borges, Madrid, Siruela, 2009. [N. de T.].

nos asalta, cuando el sentimiento de ser traicionados nos afecta. Cuando la enfermedad nos despoja de lo que creíamos más seguro —nuestra integridad física—, cuando desaparece alguien cercano. Preferiríamos no saber.

Y lo que preferimos no saber, es también que existe en nosotros mismos alguien que recibe el sufrimiento como una droga apaciguadora. ¿Por qué repetimos las situaciones que nos hacen sufrir? No es por masoquismo, ya que el masoquista necesita de un *partenaire* que se deleite con ese sufrimiento, mientras que, en el sufrimiento ordinario del que hablo, ninguna persona está allí para dispensarla voluntariamente, ella tiene lugar, es todo. ¿Es porque nos recuerda un estado de infancia en el que sufríamos por existir? La intensidad de la percepción del mundo es, sin duda, para el niño a la vez un júbilo y un dolor, tan fuerte es la intensidad. Y es ella a la que queremos ver regresar, sea cual sea el dolor que la acompaña. De allí nacen estados contradictorios, mezclados, indisociables que se encuentran a menudo en la edad adulta artificialmente separados. En el estado amoroso solamente se encuentran combinados esos dos afectos de la misma potencia: la exaltación por el amado (-ada) y el terror a ser diluido (abandonado, ignorado, humillado). Entonces, preferimos no...

El acontecimiento nos ofende. Agrede nuestra espera, choca contra nuestro pensamiento, lo desplaza fuera de sus marcas habituales, y todo lo que en nosotros «ritualiza» para prepararse a lo que viene, así se encuentra en el instante deshecho. Ahora bien, cuando sobreviene un acontecimiento, a contra tiempo (porque un acontecimiento es siempre a contratiempo, contraría al tiempo como curso de las cosas), nos hace revivir estados de insoportable intensidad acompañados de sufrimiento y de alegría. Porque la intensidad intacta del acontecimiento solo cuando soportamos probarlo, no está más tamizada por la edad, la razón, la comprensión que podemos tener, estamos frente a él como un niño.

El encuentro se sostiene en la juntura de los tiempos, allí donde el acontecimiento tiene lugar. Allí donde la línea de falla deviene fractura y se abre en ese lugar un sitio desconocido, donde no tenemos apoyo. El encuentro es una figura protectora de la infancia, venida a tomarnos de la mano en ese pasaje, nos conduce a través de los acontecimientos, los actos, a tientas, y podemos solamente elegir seguir o permanecer detrás, en lo que para nosotros es tan familiar que no lo vemos más. El encuentro es una palabra en la lengua para expresar lo que nos conduce en ese extraño contratiempo hecho de materia desconocida. Sin traducción posible, el pasado no está allí para socorrer, no está más que el presente, lo inimaginable.

Todo verdadero encuentro, por esencia inesperado, es imposible de pensar, ya que sobrepasa siempre el marco en el interior del cual nos lo representamos. Tal es su capacidad de provocarnos, convertirnos, devolvernos vida. Nos convoca al encuentro con el otro (y entonces con nosotros mismos) desde nuestros orígenes más lejanos al mismo tiempo que pertenece por entero al porvenir.

Traiciones

¿Por qué somos tan frágiles ante la traición? ¿Qué pesar se aloja en una promesa no cumplida, una amistad en la que nos vemos apartados, un amor traicionado? ¿Qué pesar jamás agotará el dolor de darse cuenta de que el ser amado desea a otro y nos miente? Ignoramos a veces la fuerza de nuestros apegos, las amistades que suelen tener sus cimientos en la infancia y quizás más lejos aún. En la fraternidad se originan muchos de nuestros miedos, comparaciones de las que somos objeto, los juramentos y las rupturas, las celosías también. La traición se remonta a menudo a la fibra de estas heridas fraternales, hermandades olvidadas desde hace mucho tiempo, pero que sin embargo nos golpean en nuestro punto frágil. Mostramos tan poco al otro de lo que singularmente nos constituye, nuestras fallas, nuestras posibilidades, nuestras dudas. Querríamos comunicar esta seguridad que no tenemos, o al menos un poco. Todos cometemos este error de creer que somos un poco transparentes a nosotros mismos mientras que una inmensa energía se despliega para volvernos opacos a nuestro deseo, para inventar estrategias con tal de evitar confrontarnos a lo que profundamente nos anima, a riesgo de perderlo todo, hasta las ganas de vivir.

Cuando sobreviene la traición, la frágil envoltura que protegía al yo [*moi*] sale volando, entonces las emociones invaden junto con la verdad. Es a veces, desgraciadamente, la única ocasión para que una amistad o un amor se desplace, se descubra más vasto, más auténtico también. No es ni deseable ni fácil pero es a veces el único modo. La traición reabre abismos de la infancia, cuando eso que creíamos más cercano, más amado (una madre, un hermano, un amigo) se revela brutal, indiferente, malvado. El caparazón de soledad que nos aísla en la traición es finalmente muy primitivo, él se crea desde los primeros años, en el transcurso de la separación con la madre. Porque es necesario seducir a esta madre para que nos ame y nos cuide. Como todo bebé, buscamos continuamente el reconocimiento; llamo reconocimiento a esta cosa que hace de ustedes un semejante, un aliado. Nuestra angustia de ser traicionados nos ata, a veces, durante años con un ser, con una familia que no nos reconoce, que nos maltrata y nos ignora. Este miedo nos hace quedar ahí, acurrucados en la sombra protectora del otro al que le encomendamos nuestra alma y quien a cambio se encargará de amarnos, nuestro espanto nos deja a merced de su desprecio. La traición tiene como cámara de eco las hermandades diezmadas por la necesidad de maldad y violencia. Para quien la encuentra en su ruta, ella siempre ha tenido lugar. Busque su rastro en su corazón y oirá su ligera respiración en el hueco de su sueño. Ella va a reinar soberana sobre usted, esta traición tendrá dominio sobre su inteligencia, sucumbirá ante su espíritu de suspicacia, usted se convertirá en alguien que duda, que excava hasta los sedimentos del pasado y los bolsillos del otro, presumido culpable, buscará confirmación de sus dudas y no encontrará más que el tormento. Esto no se apaciguará tan pronto. Porque la falla abierta estaba allí *antes*. Antes del acontecimiento, el que sea. Antes de su nacimiento quizás. En un antes que de todos modos no es recuperable por la memoria, ni el olvido, por cierto. Porque es imborrable. Y usted devendrá celoso(a). Será cualquier otro, por un tiempo, proyectado sobre la superficie lisa del deseo del otro, de su empleo del tiempo, de sus fracturas y sus mentiras. Y después pasará. Desplegará una suerte de anestesia bienvenida, naufragará en la inconstancia. La traición no lo afectará ya tanto. Usted ya habrá cambiado de amigo o de amante o quizás, por el contrario, lo habrá reencontrado, más intensamente aún.

No habrá pasado nada, en suma.

La traición es sin eco. Está en nosotros, en nuestra condición misma, decía Derrida, porque somos los primeros y nuestros propios traidores. ¿Quién es fiel a uno mismo? Como leemos hoy en los manuales americanos del sentirse mejor: *how not to betray yourself*.* En general, en diez lecciones, incluso menos. La traición es interior al vínculo, su condición de existencia. ¿Cómo sería un vínculo que no pueda ser denunciado, traicionado? Es sobre ese fondo oscuro y movedizo que el acto de no traicionar, algunas veces, enciende luces heroicas. Y es a este precio, quizás, que hacemos el amor.

---

* En inglés en el original: «cómo no traicionarse a uno mismo». [N. de T.].

Celosía*

Una simple suposición, un intercambio de miradas, un SMS extraño, una alusión en plena cena, una ausencia muy larga, un viaje inverificable: la celosía ha entrado en su vida. De ahora en más, ella va a inmiscuirse en ustedes, será su nueva maestra, a cada momento presente en su espíritu, en los pliegues de su cuerpo, ella los habitará; sin respiro, ella se invitará a su mesa, hasta sus noches le serán bienvenidas. Sin quietud, cada momento de felicidad será desplazado a una sorda angustia: perder el objeto de vuestro amor. Por eso su partida es inminente. Hay una tercera inmiscuida ahí entre ustedes, invisible, inaudible, solamente percibida en los intersticios de sus mentiras, de sus silencios, de sus ausencias. ¿Qué decir de esta servidumbre voluntaria? Ya que acá no hay ningún amo a combatir, es en el interior de usted que todo pasa, entre usted y usted. ¿Cómo reencontrar el dominio de sí? ¿Cómo guardar un poco de tranquilidad de alma en toda esta fiebre? Cuando usted solo piensa torcido, cuando es dominado por el miedo, la certeza de que el tiempo de antes terminó, que el presente ya no será más como antes.

Los filósofos no consideran fiables las pasiones del alma en general, no ven más que esclavitud, ilusión y sufrimiento. En el

* Ver nota de p. 92. [N. de T.].

mejor de los casos una atadura; en el peor, una muerte lenta del espíritu. Y sin embargo... guardan por la celosía una secreta ternura, una complicidad. Ya que creerse abandonado, traicionado y comprobar la sospecha de la pérdida próxima se parece mucho a la condición humana en general. Es en relación a un camino del soltar y de desposesión, del estoicismo al jansenismo, que ellos nos conducen. Los menos, solo algunos. ¿Usted está atado al amor? Pero entienda que luego de perder la vida, no se llevará a la tumba otra cosa que algunos souvenirs, ¿y por cuánto tiempo antes de caer en la inconsciencia? La celosía no es más que la prefiguración de esta lenta aceptación que deberemos dar: estar acá abajo en tránsito —espera comenzada con fulgor al momento de nacer.

«Nadie entre aquí si no es geómetra», se podía leer en el frontón de la Academia, en la Grecia Antigua. ¿Y en qué la matemática nos protegerá de los accidentes de la vida? Una cifra se adiciona y se resta según las mismas inmutables reglas, y nos recuerda que la matemática permanece y nosotros pasamos. Fragmentar la violencia de nuestras pasiones en pequeños granos de arena a disolver por el esfuerzo del pensamiento, tal es la tarea a la que se aplicaba Spinoza, quien pensaba que cuerpo y alma son una y la misma sustancia, y que las pasiones tristes no nos llevan allí donde nosotros creemos. Que la libertad es una tarea inmensa, imposible y magnífica, siempre renovada. La celosía nos lleva al otro, es la historia de nuestra vida, en resumen; para decirlo rápido, nacemos del vientre de un otro, devenimos sujeto por el desapego progresivo o violento, caemos enamorados, sufrimos de ser abandonados, el temor de ser abandonados es decididamente humano, suerte de sombra cargada, pegada a nuestros pasos que conjuramos por exceso de confianza, por angustia ¡o por fanfarronada! La celosía nos vuelve la soledad insoportable y la compañía del ser amado también, no hay ningún lugar, ninguna palabra es fiable, la suposición oscureció todo, y no hay más lealtad en ninguna parte. Esta traición se extiende a toda la existencia. Pero es este querer pertenecer el uno al otro lo que provoca el dolor. Si logramos hacer coexistir en uno la confianza y la duda, la inteligencia erótica y la dulzura maternal, la fidelidad y la traición, si en nosotros mismos podemos aceptar que esos estados forman parte de nuestro mundo interior, que se despliegan en nosotros sin que debamos estructurar tan altos diques para no saber nada, una parte de este desprendimiento, del que hablan los estoicos, pero también Dante, y más cercano a nosotros Lévinas, deviene posible. Ya que el prójimo, entonces, lejos de ser nuestro objeto (de amor, de posesión, de odio, efímera obsesión) deviene entonces aquel que nosotros tenemos que descubrir.

La celosía es una crispación sobre un objeto que ya está perdido, es la antecámara de la melancolía. El otro no solamente no nos pertenece más, pero lo que se nos aparece de repente, y no hay quien lo describa mejor que Proust, es que jamás nos ha pertenecido. Ilusoria sería la percepción de esta pertenencia de por vida de una piel, de una mirada, de un nombre a nosotros destinados. Y con él (o ella) es un mundo que vacila. Todo se vuelve quebradizo, frágil, incierto. No hay más límite a la duda, al vértigo que agarra, de repente, al sujeto con una soledad nueva, sin borde ni palabra fiable. Es el mundo próximo que es alcanzado, y con él esta suerte de luz que lo envuelve. La traición del otro, imaginada, supuesta o real, toma lugar no dejando más que un territorio devastado donde el corazón, ese cazador solitario, se da por vencido.

No hay tregua, no hay quietud posible. Es la angustia del abandono que comúnmente actúa como una oleada lista para atacar la orilla del sujeto sin soltarlo; más fuerte que el amor, más insistente que el deseo. Nos olvidamos también por qué el otro era para usted tan precioso; usted olvida las querellas, las fallas, el tedio, no queda más que una nostalgia tan falsa como todo lo que recomponemos *après coup*. La celosía es una segunda vida, que se inmiscuye en usted y toma todo el lugar. Como la melancolía, ella sustituye al sujeto fragilizado, heteróclito, tambaleante, un objeto digno de todos los cuidados. Un otro recompuesto, un maniquí de cera listo para todo uso, todas las plegarias, todos los regateos.

Construir un objeto de fascinación y de odio es un recurso inesperado para un sujeto que no sabe dónde está su deseo; bruscamente el objeto de todos sus pensamientos se sustrae: ¿dónde está él, con quién?, ¿en qué brazos?, ¿qué le promete a ella? Y es la escapada* bella. Todo está atrapado por este ballet agotador, obsesivo, esas ideas fijas que lo devoran. Usted necesita del otro y el otro no está allí, se sustrae. O bien esta allí y es aún peor ya que usted lo supone afuera. Esta vacilación al borde del vacío es un goce, le hace palpitar el corazón y buscar por todos lados las pruebas de sus mentiras.

La celosía opera como la obsesión a la manera de los fantasmas: no se arriesgan en primer lugar más que furtivamente y de noche, ella terminará por ocupar todo el lugar, pensar en su lugar, decidir por usted, regular sus actos y su vida. La desconfianza y la duda se insinuaron sin dejarlo respirar, llevando a la destrucción de todo lo que había creído. La celosía es una política de la tierra quemada. No hay retorno posible; de ahora en más

---

* *échappée* es también un paso de danza. [N. de T.].

cada objeto es sospechoso, toda palabra es alusiva y todo acto, un signo posible de traición.

Usted puede no haber estado jamás celoso y bruscamente no vivir más que en la celosía, volverse loco ante la idea de la posible traición del otro. Al contrario de lo que se suele decir, no somos necesariamente de «estructura» celosa. Cada uno de nosotros aloja ese monstruo en sí mismo, dormido en nuestras venas y latiendo lentamente al unísono del corazón, hasta que una palabra, un indicio, despierta de su sueño a este huésped inquietante y entonces nuestra vida se vuelve irreversiblemente contaminada. La muda de piel opera bajo sus ojos, de confiada se vuelve usted misma una mentirosa consumada, buscando los indicios bajo un frente liso y suave, revolviendo los bolsillos (estilo antiguo, a lo Balzac), escarbando la memoria reciente de computadoras y celulares, confrontando las versiones, recordando de manera sibilina los unos y los otros para coincidir los hechos y gestos, espía en su propia casa, buscando «saber» la verdad a la cual el otro se sustrae.

Pero no es tan simple. Si no hubiera otra cuestión en la celosía que buscar y encontrar, suponer y desenmascarar, las cosas se desenvolverían muy rápido a favor o en contra del vínculo, giro corto, y listo. ¿Solamente el celoso quiere verdaderamente saber? Nada es menos seguro... ¿El amado quiere verdaderamente sustraerse, ocultarse? No es seguro. ¿Qué es lo que es buscado en este tablero de ajedrez donde el espía se vuelve capaz de mayor duplicidad que el supuesto infiel?

Supongamos que en la celosía sea la intensidad del sufrimiento lo que se busca, es decir la intensidad sin más, el sentimiento de existir es más fuerte sobre esta brecha donde el otro, acreditado de traición, no tiene nada que decir en su defensa, porque no tiene razón, forzosamente. ¿Y si la trampa ya tuvo lugar antes? En un tiempo por fuera de la edad en el que solo los sueños hablan.

Tuvimos que compartir muy temprano a la que nos trajo al mundo. La envoltura que nos protegía está rota, dejando abierto el desgarro, en ocasiones jamás cerrado. Si no hubo palabras, caricias, letras para llevar socorro al niño, se encontrará librado a la soledad, a la desesperación con el cuerpo y a la inteligencia, que se cerrarán para no sufrir. La pérdida del otro entonces es intolerable, ya que nos deja con una mordedura de lo real permanente, implacable. Que la celosía, un día u otro, va a despertar.

Los monstruos no duermen para siempre, fingen, lo hacen tan notablemente, solo a los niños que les cuesta dormirse en la noche lo saben. Hacen lo mismo cuando alguien se asoma para mirarlos en su sueño. Toman esta respiración regular que no engaña, los padres se sienten seguros dejando la puerta entreabierta del cuarto y un poco de luz que se filtra. De inmediato reabren los ojos extrañados por la evidencia de la estratagema. Los monstruos en su imposibilidad de dormir repiten sin cesar, una y otra vez, la misma historia, esa en la que sin embargo jamás son exiliados. Porque su diferencia monstruosa, algunas veces conocida solo por ellos, los condena a la soledad. Fortaleza inexpugnable en la que son los únicos que pueden poseer la llave.

Le imputamos al deseo lo que es lo más extranjero: la infidelidad. Es suficiente, por cierto, observar su mecanismo —¿sobre qué se apoya sexualmente? La repetición. Hacer volver ese mismo placer una y otra vez. El deseo de buscar sin fin un mismo perfume, una misma piel, un gesto amado enrollado en el hueco de un cuerpo, una entonación, un recuerdo de la cabellera, algunos objetos parciales, gestos ínfimos, dudas imperceptibles, signos emitidos por un cuerpo, su tesitura, su mirada, una manera de pronunciar las vocales, de caminar, de reír, de desaparecer también. Se ubica en el lugar mismo de la aparición, ahí donde el otro se arriesga a desaparecer tan rápido como apareció, ha sido un instante entrevisto, porque se sabe la potencia efímera de esta aparición. Su rareza, su increíble inmediatez.

Y el otro: ¿Vos que estás ahí, todo entero, delante de mí, y que «yo» deseo? Inadecuado siempre, forzosamente, a esta constelación de cosas minúsculas que arrastran el deseo y lo hacen moverse a riesgo de la desaparición, de la falta, de la ausencia. Porque es de la ausencia que se nutre y de la reaparición del otro que se recarga, la intensidad es su único credo. No tiene otro. Intensidad cuyo cursor, desconocido por cada uno de nosotros, se encuentra muy río arriba, ubicado en la infancia. En el recuerdo de los golpes serán buscados los golpes, con la memoria de las caricias, las caricias, y es así que, en un eterno recomienzo, las coordenadas originales de una intensidad (lo vivido por el niño se irradia) son buscadas en estos objetos parciales, y reagrupadas a veces bajo los trazos de un otro que encenderá nuestra pasión. El todo es un malentendido admirable. Y por qué no, finalmente. El milagro es que eso tuvo lugar. Que el amor y el deseo se junten en este periplo inconcebible.

Cuando queremos enamorarnos de una misma mujer toda la vida, ¿por qué no? El inconsciente no se embaraza de tal locura, ya que no se sostiene, presentará delante de nuestros ojos borrosos el retrato de una mujer eternamente amada, poco importa que en realidad ella cambie de nombre y de edad, de forma, de lengua, pues es la misma. Entonces el deseo, él, que es el gran fiel, acreditado de todas las locuras, de todas las infidelidades, busca una mujer diferente cada vez para jugar el mismo escenario eterno, que le fue dado en el moisés, con un nombre, un color de piel, un sexo, un rostro.

Por qué es así, ¿quién sabe?, que el amor entra en juego, para arruinar este deseo en los fórceps dentro del marco del retrato de este otro, frente a mí, que me sonríe y me gusta. El amor, él, busca volver al dos inicial, al comienzo de la psique a ese nacimiento. Nosotros éramos dos: una madre un niño, imbricados hasta el punto de no ser más que «una mujer encinta» hasta que el niño aparece. Creemos estar librados de este sueño, de esta increíble realidad, éramos dos y ¿estamos solos? ¿Creemos que alcanza una vida para ser librado de este desgarro realmente? Pero ¿cómo hacer entonces para no estar en el duelo, la culpabilidad (¿por qué, cómo lo perdí?, ¿qué he hecho mal?), el exilio (versión suprema) el deseo de terminar lo antes posible (versión lenta) las ganas de huir todo el tiempo (versión rápida)? Entonces nos atamos. Nos atamos todo el tiempo. A seres, a cosas, a situaciones, a peligros, a maravillas, a tonterías también. Nos atamos y nos aburrimos de este apego después de un tiempo, es en un entre dos (afortunadamente), que se encierra al diablo en una caja como en esos juegos de niños que dan sobresalto y luego risa. Pero todo esto, finalmente, es magnífico. Y si la vida se vuelve a encontrar, es tal vez porque somos impotentes para reencontrar la combinación mágica. Nos gustaría poder amar para siempre y que el deseo, como un alma compasiva, nos sostenga una vida entera en este fervor. Pero al deseo le será necesario la falta y la ausencia, la imaginación y el fracaso, el miedo, la vergüenza, la excitación, la celosía también, y jamás olvidar que el otro no es de uno, jamás tomable, jamás del todo allí.

En caso de amor

—¿Qué hacer... en caso de amor?
La psicoanalista, estupefacta, la observa.
—¿... en caso de amor? —no puede dejar de repetir.
—Sí, es eso, en caso de amor.

Más tarde, ella le dirá:
—Voy a explicarle. Veo que usted no comprende. Él es fascinante. No le gusta moverse. Muchas personas trabajan para él; eso es una suerte de pequeña usina con gente que busca en su lugar los archivos, en internet, etc. Me pidió que escribiera un libro para él, que será firmado por él. No es necesario que me reconozca, no hay chance, fíjese, soy una desconocida, hasta aquí no publiqué más que historias para niños.

Ella se calla. El silencio viene como una obra a las manos de dos hilanderas distraídas, sin cesar reanudado, jamás concluido. Tejido dejado a propósito que las manos desocupadas agarrarán para evitar pensar muy precisamente en cualquier cosa (lo mismo hay que contar los puntos...). Silencio entonces. No es que la analista se acostumbre largo tiempo a dejarlo flotar. No mucho, quién sabe, se decía ella a veces. No responder a la demanda no es necesariamente callarse.

La joven mujer que estaba delante de ella había ya hecho un primer largo análisis después de una «TS», como decimos púdicamente (¿pero no está ahí la más grande obscenidad?). Ella había agotado la lógica de la negación: «No crea que... como decía Freud, pienso en mi madre...», discurso tejiente, destejiente alrededor del mismo centro *x* que su lógica iterativa, bruta, necesaria, donde el «no», el «seguramente no», el «en absoluto» ocupa el lugar del deseo.

—¿Usted tiene miedo de enamorarse de este hombre?

—No, para nada.

La analista lo toma por dicho. Defensas reagrupadas sobre el frente este. Sin brecha.

Las semanas transcurrieron. La paciente reescribía lo que le daba el autor. No pasaba nada, pero ella, visiblemente, regresaba. Caía en una suerte de tristeza sin objeto, que la podríamos haber calificado de angustia si no hubiese sido tan poco insistente. La analista volvía a pensar en este «caso de amor» intempestivo que la había dejado atónita. Se preocupaba por la tristeza de la joven mujer, que se acentuaba en la misma medida que el texto tomaba forma, ganando en claridad y concisión. La obra estaría casi terminada en un mes.

Sin amor a la vista.

Un día, la joven mujer tuvo un sueño. Se agarraba a un árbol inmenso parecido al cedro del jardín de su casa de familia. Sostenía en los lazos de sus ramas una cabaña donde la soñadora se refugiaba. Era su sueño desde siempre, comentó ella, tener una casa en los árboles. Había un gato, que ella tomaba en sus brazos. Luego súbitamente el cielo se cubría, el frío invadía a la soñadora y el gato se ponía a arañarla. Ella lo soltaba, él se escondía. Ella ya no se sentía segura. Desde abajo le gritaban que bajara: el árbol estaba envenenado, se tenía que ir lo más rápido posible. Muy triste, comenzaba a bajar la escalera y se daba cuenta de que sus peldaños poco a poco desaparecían, dejándola sin apoyo en el vacío. Alrededor del tronco estaba anudada una bufanda azul. La tomaba para intentar hacer una cuerda, como lo vemos, dice ella, en las viejas películas donde los prisioneros se escapan anudando sábanas unas con otras. Se despertó, el corazón palpitando, muy angustiada.

—Ese árbol, es él, el escritor, dice ella, visiblemente aún afectada por el sueño. Él tiene esta aura que reúne a toda esta corte alrededor de él, protege a un montón de gente, incluida yo, los hace trabajar para él y les permite vivir, tiene una familia bastante grande, es un universo para él solo. Recuerda al cedro bajo el cual mi abuelo se dormía en el verano cuando venía a vivir con nosotros en el campo.
—¿En la casa de familia?
—Sí.

La psicoanalista sentía cuán penoso era para esta mujer volver a ese abuelo que, bajo el pretexto de su enfermedad de guerra —suerte de semiparálisis que lo mantenía en cama—, había puesto a cada uno de sus nietos por turnos en su cama «para calentarlo». La escena traumática había sido evocada por ella, cada vez con vergüenza y dificultad, también el silencio familiar, el miedo de tocar a ese «héroe de guerra», resistente de la primera hora, cuya gloria y nombre recaían en su familia hasta que un alzhéimer fulminante vino a retirarlo del mundo de los vivos.

El sueño abre el acceso a un espacio simbólico del cual el árbol es aquí el centro, lugar psíquico designado como idealmente protector y hospitalario para la soñadora. El gato es tal vez una representación de su parte más instintiva, aquella que «sabe» bien antes que la consciencia lo que es bueno o malo para ella. El gato, acurrucado en sus brazos, se escapa primero y se vuelve contra ella. Se escapa porque sabe que el árbol devino envenenado; retrospectivamente, podemos interpretar su ataque contra la soñadora como un intento del inconsciente de prevenirla. Podríamos hacer el paralelo, pensaba la analista, con la amenaza que el inconsciente designaba en la persona de este escritor. Pero en realidad el escritor no había intentado ni un solo gesto equívoco hacia la joven mujer, la trataba bien, era respetuoso de los horarios y del encuadre, en fin, ningún abuso visible. Había entonces otra cosa. ¿La soñadora expresaba a través de este miedo a caer en el vacío el temor que su mal-estar actual no desembocara en una verdadera crisis melancólica? Ella pensó, al final de este muy enigmático sueño, en esta «bufanda azul» providencialmente atada al tronco y en la extraña asociación hecha por la soñadora en el interior del sueño mismo: prisioneros que atan a los barrotes de su celda sábanas de cama para fugarse.

—¿Qué le hace evocar esta bufanda?
—Se parece a los pañuelos que llevaba mi madre. Siempre tenía uno alrededor del cuello, en toda ocasión, cada vez que salía.

Su madre había muerto, le había dicho la joven mujer, algunos años después de la desaparición de su propio padre (el héroe de guerra) por una pleuresía mal diagnosticada, complicada por un germen infeccioso contraído en el hospital que ningún antibiótico había podido curar. ¿Qué podía representar esta bufanda azul, suerte de *doudou** milagroso que evoca espontáneamente (pero no muy seriamente) esta evasión de gángster en los filmes en blanco y negro? La madre era guionista, la psicoanalista se acuerda en el momento, y había sufrido no haber sido reconocida lo suficiente. Ella le decía a su hija que los guionistas eran los sirvientes de la industria del cine, sus segundones, su reserva de ideas y de magia, luego saqueados, su guion modificado cien veces cuando no era totalmente traicionado. Podíamos suponerle una vocación de escritor «velada», como estaba velada la de su hija, quien entregaba sus palabras a las ideas de otro, el «verdadero» escritor. Ir con su madre al cine a ver películas viejas había sido siempre un momento muy feliz, recordaba la soñadora, con risas locas y discusiones apasionadas. La alusión a los filmes de gángsteres era un claro recuerdo de este tiempo. Pero el decorado estaba planteado: era una evasión. Era necesario salir de una celda. Y, en el sueño, se trataba de dejar la cabaña-celda donde la soñadora estaba tan bien. Imagen perfecta del feto. La cabaña en el centro de las ramas evoca a la red entrelazada de venas que resguardan al bebé y el árbol vientre donde él hace nido.

—... esa bufanda azul alrededor de su cuello, es como si ella quisiera protegerse todo el tiempo... ¿De qué? No sé. Murió de una pleuresía.

---

* Dejamos la palabra original puesto que, como ya se dijo, se trata de una pequeña y suave tela que cumple la función de objeto transicional. En este caso, en equivalencia con la bufanda. [N. de T.].

La palabra *pleur-ésie* [*pleur*: «llanto»] detuvo a la analista, una reserva de lágrimas que llenan los pulmones hasta el ahogo. ¿Estas lágrimas ganaron a su hija? ¿Es necesario ahogarse de llanto cuando no se puede odiar a un abuelo incestuoso, un héroe inexpugnable?

Es difícil pensar el odio. Freud nos dice que la ambivalencia está en pensar sobre un fondo de odio. La ambivalencia experimentada por un niño: un día, mamá me ama, otro no me ama más; un día, ella me aprieta entre sus brazos, al día siguiente me persigue por nada; es una manera de salvar a la madre, de prestarle un amor imaginario que emplea una forma sutil de destrucción más eficaz aún que la pura maldad, dado que es emplear las palabras del amor a los fines de manipulación. Es la destrucción del otro que es perseguido sin soltar, incluso si es su propio hijo. En la medida donde él es diferente de sí, donde se separa del vientre para devenir él mismo un otro, él es de ahí en más un rival. ¿Es la celosía el motor de este odio? ¿Cómo pensar la destrucción en el seno mismo de la célula familiar? ¿Cómo pensar este vuelco del más cercano en el campo de batalla furioso donde la destrucción es uno de los nombres de la locura? ¿No hay una ambivalencia bien real en lo de la madre de la soñadora, maternal y devorante, protectora y alienante? Una anoréxica se atiborra de mil horrores pues se provoca vomitar con imágenes mórbidas que la atormentan, pero, a la mañana siguiente, toma un té liviano y se relaja en la cama con un buen libro — ¿cuál de las dos es más real? ¿No se reproduce sobre el otro este mismo movimiento de péndulo infernal que los hostiga interiormente? Dicho de otro modo, ¿es solamente el odio de sí que, vuelta a vuelta, torna a su hijo deseable ante sus propios ojos, luego objeto de repugnancia y vergüenza?

¿Cómo en un análisis alojar esta suerte de odio que, en el paciente, lo ataca a usted y de inmediato lo desarma con llamados de ayuda y con lágrimas de cocodrilo? ¿Cómo no edulcorar sus efectos de violencia viendo en la ambivalencia un recorrido paciente hacia el amor? En estos territorios, pensaba la psicoanalista, es como en los viejos wésterns: hay que guardar el arma en la cintura y estar en guardia. Rápido caemos en la trampa. Pero la escucha flotante en un sillón de terciopelo descolorido, los ojos a medio abrir mientras garabateamos, ¿eso es suficiente? Cómo alcanzar esos territorios del otro donde todo fue esterilizado por el desamor, las palabras falsas, la lenta destrucción de la estima de sí del niño, quien permanece en el umbral para saber si la madre, por una sola vez, se va a dar vuelta, hacerle una señal...

¿Y si el árbol monstruo que, de caritativo, devenía un árbol asesino era la madre misma, cuyo recuerdo arrojaba la paciencia en una tristeza indecible? El escritor sería entonces el que amándola podía sacarla del círculo encantado del desamor maternal, y al final designarla a ella, no como un pálido doble sino como una mujer aparte, entera y no solamente en sus palabras. La psicoanalista se dice que ella misma a su turno se había hecho atrapar por las sirenas del amor maternal, haciéndole temer a su paciente una «maliciosa» seducción del escritor perverso que habría utilizado la pobreza para sus fines. Así ella (como lo habría hecho su madre) puso sobre aviso a su paciente contra el escritor, secretamente aliviada por que él no hubiera «hecho un gesto» y no comprendiendo por qué ella, la soñadora, se melancolizaba así ante sus ojos.

Ella le dice a la joven mujer en la siguiente sesión que su pregunta «¿Cómo hacer en caso de amor?» era un deseo y no un miedo, y que de no responder, ella volvería a ser la pequeña niña dejada por su madre en manos de un abuelo ogro todopoderoso. Ella reconoció igualmente que también había estado con el miedo de verla «caer en las manos del ogro» —una expresión que la joven mujer había empleado muchas veces. Pero el ogro no era el escritor, el ogro era la sombra llevada por la madre, la bella indiferente cuyas bufandas superpuestas no le habían impedido ser tomada por los llantos [*pleurs*] y por la muerte, después de la muerte de su terrible padre.

Escuchar es un arte difícil, porque uno mismo cae en las manos del ogro, ella se dice. Trabajamos sobre nuestros propios puntos ciegos, nuestros *impasses*, nuestras negaciones. Trabajamos a partir de un punto de ceguera de sí, como descender al interior de una mina, a cielo abierto pero lejos en las tinieblas. Este punto de ceguera es casi una zona de resguardo, una zona donde eso «interpreta», pero donde el analista no entra, él mismo más que apenas, y en puntas de pie, sin ver demasiado. El psicoanalista inglés W. R. Bion utilizaba la expresión «pensamiento sin pensador» para significar estas ideas que se apoderan del individuo, más lejos que él mismo, venidas de esos territorios donde no hay más «sujeto». Puede ser que en la mina donde desciende el analista, cuando cree «oír», no oye nada, quiero decir que eso pasa sin reflexión, en un trabajo de pensamiento que no pasa por la casilla «sé lo que estoy pensando, elaborando», sino por un «pensamiento sin pensador», una traducción en directo de lo impensado hacia lo impensado pasando por imágenes, sensaciones, recreando finas pasarelas allí donde todo había sido dinamitado. Es a partir de este punto de ceguera y abandono que una verdad se origina, al menos una cierta verdad.

En este raro oficio de analista, nunca sabemos muy bien lo que pasa, somos dos alpinistas encordados con los ojos fijados en la próxima cornisa, cuidándose del viento, las caídas de nieve, la temperatura. Atados a cosas finalmente, extremadamente precisas (el movimiento de una muñeca, el desplazamiento del cuerpo algunos centímetros, el balanceo de una cadera sobre la otra, la vigilancia del campo visual a cada instante), nos aventuramos sobre estas paredes áridas a riesgo de no descubrir nada. Todo está al descubierto. Los sueños son casi, yo diría, el único rastro. Todo el resto fue borrado. No pasó nada. El sufrimiento deviene vergüenza, el niño que se ha sido querría poder olvidar todo y vivir como los otros (lo que él cree al menos de la vida de los otros), querría poder olvidar los gritos, alejar las amenazas, las órdenes absurdas, las humillaciones. Esos territorios psíquicos donde todo fue devastado, pero con tal delicadeza que no quedan más que esbozos de sentido, carnadas de sirenas, no reciben a ningún visitante, ni siquiera a los viajeros. Es necesario arriesgarse de a dos, por lo menos dos, para no volverse loco.

El celular,* una historia de adulterio

El celular cambió la historia del adulterio, su poder transgresor, su modo operatorio, su relación con el disimulo, su difusión. Antes de la aparición del teléfono celular, parecía inconcebible que las personas pudiesen caminar hablando en voz alta en la calle a un interlocutor invisible, sin preocuparse por los otros. En el cine, la visión de este instrumento suplantó a aquel del cigarrillo arrojado por un cansado héroe bogartiano. Esta cajita negra a veces prendida, desprendida de nuestro cuerpo, funciona como un objeto transicional, sustituto del otro, pegado a nosotros, receptáculo de nuestras adicciones más secretas. La misma melodía para advertirnos de un nuevo mensaje —una discreta vibración basta, usted será el único en percibirla.

Todo cambió: los contactos son más fáciles, la localización difícil, los encuentros modificables a merced, las huellas casi borradas, al menos para los que sabemos servirnos de las capacidades de este objeto minúsculo que cada año gana en eficacia y ligereza. En lo que concierne a las implicaciones filosóficas

---

* *portable* en francés. Traducimos «celular» porque así lo llamamos. Perdemos el sentido de «portátil», lo que se lleva, lo que se porta, que aparece en francés. [N. de T.].

de la invención del teléfono, los reenvío a este magnífico libro de Avital Ronell sobre el fenómeno del teléfono,* que va desde la invención de Bell hasta la preposición como censura de correos y telecomunicaciones de Heidegger durante la Primera Guerra Mundial, y otras historias. La filósofa americana cuestiona la incidencia de esta tecnología (que pone la comunicación y transparencia en el corazón de la relación consigo mismo) sobre nuestras mentalidades, nuestra relación con nosotros mismos y los otros. Pero volvamos a las más prosaicas incidencias...

En la era de la globalización y de la simultaneidad de la información, cortar tu celular reenvía a cortarte a todo llamado posible, interrumpir la fuente de una excitación inigualable, ya sea sufriente o feliz. El otro virtual tomó, como decimos a menudo, ¿el lugar del otro real? Sin duda no, pero lo desplaza, temporalmente, espacialmente. Estas pequeñas casas portátiles deslizadas en nuestro bolsillo son también microfragmentos del «yo».** El objeto debe estar siempre «en línea», y la comunicación, indefinidamente posible. Es la eterna suspensión del deseo, llevado hasta lo grotesco. La última joya tecnológica es la que nos hace falta, ahora, ya mismo.

Es el objeto de tu amor puesto a disposición que te llama por fin, breve y frágil elección. Siempre insuficiente y parcial, pero qué importa. Su voz te llega.

Vos llamás, y yo no estoy ahí. Yo llamo. La voz acá hace cámara de eco a todos nuestros fantasmas. La orden dada: «¡Respóndeme!». Los intima a responder también en su ausencia, también en el malentendido total, como si la vida dependiera

---

* Avital Ronell, *Telephone Book*, Bayard, 2007.
** *moi* en francés. [N. de T.].

de eso, y los convocara al deseo. «¿Dónde estás?», el llamado traiciona una presencia amorosa sospechosa. La infidelidad es un asunto* de pulsión, el deseo viene a hacer desorden, sí, en tu vida, a amenazar el bello equilibrio, a entregarte a esos parajes donde la mentira y la verdad se codean, donde es difícil desenmarañar lo que es la traición, la protección (creemos) del otro y la simple autorización que nos damos de hacer un poco de trampa para que eso continúe. La intensidad experimentada no es siempre un hecho solamente del otro, sino de la situación misma, brutal, secreta, prohibida. El diván del psicoanalista y el teléfono celular comparten este privilegio de tener acceso a la «verdad inconfesable» de tu deseo. Si el teléfono es olvidado —acto fallido— y el otro termina extrayendo de su memoria o de su «historial» las pruebas de tu doble vida, es el diluvio de las palabras que se anuncian, lágrimas, cólera con esta cosa extraña que hay que admitir: nadie puede saber verdaderamente cuándo el amor no está más allí, cuándo él ha desertado. Un adulterio en una historia donde el amor no terminó su obra no dejará huellas tan terribles, simplemente una advertencia, un margen dejado al secreto del otro; mientras que en otra historia donde el amor, sin que se lo haya realmente dicho, no estaba más ahí, el adulterio no será más que el pretexto para ver por fin esto, el fin de un amor. Es siempre cuesta arriba que empiezan las fallas: aburrimiento, desfallecimiento del deseo, angustias, ellas vienen a abrir los caminos de duda que nos llevan a veces meses, años, quién sabe, para terminar al aire libre, allí donde las cosas se ven, se dicen y se quiebran en lo real. El teléfono celular es acá el agente perturbador, el elemento que cristaliza la operación química que, sin él, habría tenido lugar de

---

* *affaire* en francés. [N. de T.].

todas formas. Las imágenes que ocultan la voz del otro pasan en cámara rápida, todo se consume muy rápido, se olvida también, se revela tal vez, escondido seguramente hasta la próxima toma, el próximo excitante.

Hansel y Gretel

Había una vez un hermano y una hermana en un país donde vivía una bruja malvada... En el país de Hansel y Gretel, los niños tienen todos los derechos. Porque están en peligro de muerte, tienen derecho a amarse, a delirar juntos, a escaparse, ser extravagantes, geniales, idiotas, desafiar las leyes, a desaparecer juntos. Esta es la historia de dos niños que se amaron para resistir juntos la locura y la muerte. Aquí no hay castillos encantados, madrastras, ni calderos donde cocinan a los bebés, ni la loca Baba-Yaya ni el bosque envenenado, solo falsos semblantes como el amor y el odio destilado finamente como el azúcar hilado de la cebada.

Comienza como en los cuentos: la madre, bella y tierna, muere de un cáncer de pulmón a los treinta y ocho años. Jamás había fumado. Deja dos niños, Sarah y Malo, siete y cinco años. El padre se vuelve a casar, pero la madrastra no tiene un espejo mágico al que preguntarle cada mañana si ella es siempre la más bella, es una universitaria sobrecargada de cursos y de estudiantes para entrenar, que vuelve tarde a la noche, está agotada y no se ocupa más que de lejos de esos dos retoños. Culpable de la indiferencia a lo sumo. Como suele suceder, entonces, siendo ella educadora, los niños crecen y se educan solos. El padre es más enigmático. Bebe, pero a escondidas. Nadie lo sorprende jamás destapando una botella. Simplemente las órdenes de compra de alcohol para la semana son considerables y siempre es él el que se ocupa. Trabaja la mayor parte del tiempo. En su oficina, al fondo del departamento, ha montado una startup de experiencias bioquímicas y funciona. Juntos no tienen hijos; de todas formas, no los quieren tener. He aquí el cuadro que los parientes habrían podido confeccionar de esta familia. Hay también un tío cuya presencia será muy pesada en esta historia. Un tío muy amable, soltero, quien se ofrece de inmediato a cuidar a los niños por la noche. ¿Pero por qué no desconfiamos de los hombres solteros de cincuenta años? Los solteros no existen. Las mujeres tienden a creer que los hombres pueden prescindir de la sexualidad, que un hombre que vive solo a los treinta, cuarenta, cincuenta años podría «no ver a nadie». ¿Y por qué no? En efecto, ¿por qué no? Pero eso no sucede casi nunca. La sexualidad masculina está hecha de tal manera que necesita del otro. ¿Y uno mismo como otro? Sí, pero no toda la vida, no tanto tiempo. Los hombres solteros pueden ser homosexuales que no se atreven a decirlo —el problema es que si no se atreven a decirlo, es casi seguro que una instancia en ellos se ejerce para tiranizarlos mucho más que la propia familia, y que ese juego es en ellos y contra ellos mismos tal, que la opresión provoca ira. Las mujeres prefieren creer que sin ellas no pasa nada para un hombre, pero no, nada es tan simple. Las vías de sublimación son, sin duda, múltiples, pero tarde o temprano la pulsión reclama lo suyo, el diablo sale de su caja y la ronda comienza.

El tío comenzó por seducir al hermano, después a la hermana, él amaba a los niños, pero eso no lo habría admitido jamás. No era como otros que navegan por la web en busca de esos sitios que ofrecen cuerpos de niños como carnes expuestas en el mostrador del carnicero, listas para ser consumidas, una o varias veces. No, él amaba solo verlos jugar, verlos desvestirse, hacer sesiones de cosquillas de las que salía cansado y muy excitado (pero los niños no sabían lo que era). Los niños se dormían cada vez más tarde, eran conciliábulos de nunca acabar, risas locas, juegos que se deslizaban de la caricia a la mirada sin jamás «desbordar». En fin, pura felicidad.

Frente a la austeridad de un padre eternamente encerrado en su oficina, sin acercamiento posible, sin transmisión alguna (¿Qué le gustaba, qué lo hacía soñar, de qué se reía? Ninguno de los niños lo sabía), frente a una madrastra menos protectora que un hierro caliente, ausente y siempre cansada, el tío era la creatividad misma, la apertura a la vida, la curiosidad (les leía libros, los llevaba al cine, improvisaba pequeños conciertos), la extravagancia. ¿Qué sabía el padre de su hermano mayor, a quien le delegaba sus hijos? Tenían diez años de diferencia, casi no habían vivido nunca juntos, viviendo los dos en una pensión. El abandono se transmite tan rápido como la lepra, pasa de generación en generación sin ser cuestionado, como las razones dadas, racionales o locas, funcionan como si vinieran de la realidad misma, toda poderosa.

Sarah y Malo eran inseparables, se habían inventado un idioma para ellos, innumerables juegos, compartían sus lecturas, sus ideas, intercambiaban sus comidas, dos mellizos no podrían mezclarse tanto. Dormían juntos, en la cama de uno o del otro, sus cuerpos se extendían naturalmente al cuerpo del otro sin que nada en esta «confusión de pieles» les pareciera extraño, ni siquiera cuestionable. En *El banquete*, Aristófanes propone leer la humanidad como una entidad hermafrodita separada en dos mitades, una el hombre y la otra la mujer; no dice si eran un hermano y una hermana cuya otra mitad, una vez dividida, pasaría su vida buscando la otra. Malo y Sarah no podían concebir la existencia separada, era la locura de ellos, dulce y caprichosa. No veían rodar la fuerza mórbida de sus juegos exquisitos. Aún menos veían el peligro al que cada día resistían uniendo sus fuerzas para no hundirse enteramente. Por un lado, la indiferencia, y por el otro, la perversión. Porque el tío encontró un día una amiga con la cual ingresó en este mundo que llamamos púdicamente el SM. Con ganchos, bodies de cuero y valijas llenas de elementos para azotar, corroer, golpear, obligar, castigar, y él lo encontró delicioso. Se encerró en las salas cerradas de las torres, y de un día para el otro se apartó de los niños. Los olvidó completamente.

Afortunadamente, diremos; imagínense si él lo hubiera descubierto con ellos... La ingenuidad sería pensar que no hubiera pasado nada antes, que los niños no hubiesen sido impulsados a juegos un tanto «cercanos» con este tío gentil, que no los hubiera simplemente abandonado enseguida para ir hacia divertimentos más intensos. La violencia ordinaria tiene de terrible que nunca se da por lo que es. La mentira del amor es funesta porque colorea enteramente la existencia de los que abismó. Es en nombre del amor que destilamos los venenos más persistentes, las perversiones más invisibles. La amabilidad es la aliada absoluta de la perversión porque debe ser «deseada» por las víctimas, sin la cual el juego no funciona más. Los niños no se dan cuenta de la mentira hasta el momento en el que el tío los deja, excitado por otros placeres; los abandonó a su suerte, sin preocuparse nunca jamás por ellos, sin preguntar por novedades, sin escribir ni llamar. Pero era inevitable, porque continuar con ellos habría sido demasiado peligroso. Ellos crecerían y quizás serían interrogados sobre las delicadas atenciones de su tío, habrían hecho preguntas a su alrededor. Pues irse es abandonar el terreno, no ejercer más poder, y por lo tanto, poder ser desenmascarado. El riesgo de ser descubierto es grande. El perverso apuesta a que la vergüenza por todo esto se entierre, a que el tiempo pase, un aliado fiel, para que no tenga más la fuerza, una vez adulto, de volver atrás, buscar al culpable, invocar la justicia.

Los niños no comprendieron, al comienzo, lo que les llegaba. Se quejaron al padre de este abandono. «Ustedes son grandes ahora —respondió el padre—, ya no necesitan *babysitter*, con once y nueve años, duermen solos, y para el cine, no importa, es tiempo de trabajar». Todo se derrumbaba dulcemente y nadie veía nada. Las notas en la escuela seguían siendo buenas, ¿no es esto lo que hoy se le pregunta a un niño para que los deje tranquilos, la consciencia en paz? ¿Y por qué tantos de ellos no encuentran más que ese terreno (ser malo en clase) para recordarles a sus padres tan amorosos, tan ausentes, que ellos existen? ¿Pero quién quiere molestarse por un niño de más de tres años? ¿Estar allí mientras come, mientras practica música, mientras lee, mientras descubre la vida, tenerle la mano a través de los vados del río, cubrirle los ojos mientras se aleja, dormirlo y escuchar sus sollozos, dejarlo soñar en paz, aburrirse, estar triste pero estar dispuesto cuando viene a hablar de una tontera de una gran importancia para él? Nadie tiene tiempo, veamos, para estas pavadas.

Lo que es inquietante es la aptitud del niño a ser abandonado. Abandonado allí, en presencia de todos, tranquilamente. Sin ofensa aparente. El niño abandonado, aquel que nadie busca y que al final del juego de las escondidas sale de su escondite diciendo a todos: «Mucho mejor; de cualquier manera, no quería que me encontraran». Los niños abandonados son mimados, malcriados, al menos todos lo creen. Los padres son irreprochables, no hablan, no transmiten nada, hacen aluviones de regalos, inversamente proporcionales a su presencia, pero son impecables. El desastre en curso no lo aparentan, administran su familia como su portafolio con la certeza de haber invertido en el lugar correcto. Ni siquiera es odio, es indiferencia. Esos niños son los más frágiles a la perversión, porque están hambrientos de sentimientos, de emociones, y el perverso sabe manipular todo eso perfectamente. No experimenta sentimiento, pero hace semblante de maravilla, al punto de creérselo también. Su «sinceridad» es a toda prueba. Es el primero en emocionarse frente a una película triste. Y todos sucumben a su seducción. Pero intenten resistirse y los triturará, sin el menor titubeo y sin derramar una lágrima. El tío era de esos, fastidiando el cuerpo de los niños para excitarse con ellos, contra ellos, entre ellos. Los juegos habían tomado un giro más fuerte, los niños se entrelazarán para sobrevivir, fabricarán un cuerpo para dos, una sola cabeza, un solo corazón. ¿Cómo resistir a la perversión si no es con astucia, locura o muerte? Afortunadamente, como Hansel y Gretel, elegirán la astucia. Ellos simularon ser dos, acentuando visiblemente su diferencia, quebrando su imagen gemelar, para preservar mejor en secreto una identidad inalterable.

La mayor se hizo bailarina, el otro su representante. Ningún lazo los tenía demasiado tiempo lejos del otro, la esfera era demasiado perfecta, y si se separaban o se diferenciaban aunque sea un poco, el sismo se habría llevado todo, cataclismo de lo pasado para ellos, niños, del cual habían sido por turno testigos y actores, bajo las miradas desviadas de los adultos que consentían. Algunos padres aprueban el secuestro (sin rapto ni violencia aparente) de su hijo por un tercero que los libera de la tarea de educar, de compartir, de amar.

Solamente los niños abandonados envejecen dolorosamente porque llega un día en el que cesa la capacidad de improvisación, cualquiera sea la dirección con la cual negociemos los trucos de magia. El tiempo hace reflotar el trauma, draga el río donde cayó en el olvido el dolor al tiempo que lo enterró bajo el sedimento de los años. La danza es un arte difícil que tiene pocos elegidos después de los cuarenta años. A la hora en la que algunos comienzan a vivir, los atletas de alto nivel, si no tienen otra vida más que aquella en la que ejercitan su cuerpo, no saben cómo continuar. Ningún cuerpo permanece en la perfección de la juventud. Sarah se lesionó las rodillas [*genoux, je/nous*] y tuvo que interrumpir su carrera. El frágil equilibrio de su «pareja fraternal» estaba amenazado. Malo no sabía más qué hacer. Luego de algunos años el odio vino a reemplazar la fusión que había preservado tanto tiempo.

Es así que Sarah llegó al consultorio de la psicoanalista. Y la psicoanalista durante meses escuchó pacientemente el relato de esta infancia saqueada, y luego este nuevo odio contra el hermano devenido enemigo. Pero el odio lo adormece a usted cuando no lo comparte, nada más monocorde, aburrido, una estupidez, en suma, el odio. La psicoanalista escuchaba y no pasaba nada. Ser tomada como testigo de un odio extranjero, qué insoportable pérdida de tiempo. Ella se lo dice un día y Sarah se fue. Pero algunas semanas después volvió a llamar, conmocionada. Solicitó una cita de urgencia, que obtiene de inmediato.

La psicoanalista creyó que ocurrió la muerte del hermano o alguna otra catástrofe. Pero nada de eso, Sarah se sentó frente a ella y le relató un sueño. Ella estaba en la orilla del mar con su hermano y los dos jugaban bajo los ojos de su madrastra.

—Queríamos hacer un castillo de arena, usted sabe, con canales y puentes, algo que la marea vendría a derrumbar, pero muy lindo, casi perfecto...

Como ellos, piensa la analista, habían debido de ser niños muy bellos, casi milagrosos, de quienes nadie se preocupaba.

—... cuando de pronto una sombra recubrió el cielo, y el cielo se acercó a nosotros a toda velocidad, no sabría describirle esta sensación pero era un terror sin nombre, iba más allá de la pesadilla... —Ella se interrumpió, como si la sola evocación fuera a despertar esta sensación corporal de desmoronamiento del mundo—. El cielo nos aplastaba, no había más intersticio, yo no respiraba más... —La analista remarcó la llegada discreta del «yo» [*je*]... casi inaudible—. Luego perdí de vista a mi hermano, fue aspirado, recubierto también por esta niebla de plomo. Yo me mantenía en la arena que me entraba por la boca y, por todas partes, buscaba el mar, me decía que el mar entero no podía ser cubierto, pero me ahogaba. Me desperté muy sofocada, y pensé que iba a dejar de huir. Que era el tiempo al fin de descansar, de respirar, de comenzar otra vida. Pensé en el cambio de piel de las serpientes, me dije que si ellas sobrevivían, yo también podría lograrlo...

La analista escuchó su sueño. ¿Cómo ofrecer una resonancia a las imágenes cuya carga de angustia era aún palpable? Era un sueño de trauma, uno de esos sueños que provienen de regiones violentadas de nuestro ser, sin ley y sin sujeto, al que el inconsciente, vigilante a su manera, aísla al máximo de la consciencia. El cielo es el espacio sin el que ninguna protección es posible, espacio a partir del que un cuerpo se define, respira, crece, allí donde habíamos situado al padre de los dioses, Zeus, es el lugar arcaico de la trascendencia, de la verticalidad, de lo que abre nuestra mirada: la lejanía. Pero es también el lugar de las tormentas y los huracanes, allí donde se prende fuego y sopla. Y cuando el cielo desciende y lo oprime a usted, ya ninguna vida es posible, el aire que respiramos se convierte en sepultura. El tío había sido quizás uno de esos cielos que al comienzo abre el horizonte y luego llena sus pulmones con una niebla nociva, incluso la tierra deviene arena; en cuanto al mar, nos ahogamos, no es más un refugio tampoco. El inconsciente parecía haber recorrido las imágenes más arcaicas para significar una escena anterior a toda memoria, donde todo lo que lleva la vida literalmente (el cielo como espacio de la psique misma, pero también eso que recibe todo lo que existe) deviene amenazante, donde la posibilidad misma de mantenerse en pie desaparece y toda posibilidad de refugio es robada. La niebla se infiltra por todas partes hasta que no haya más aire alrededor del cuerpo, ningún intersticio para pensar, respirar, vivir.

—Debo confesarle... —dice Sarah—. Mi hermano, yo no le hablaba, no sabía lo que él pensaba, yo *era* mi hermano, yo era Malo, yo era como él y con él. Ahora que estamos separados, tengo la impresión que no hay más nada, solo un gran agujero en mí y un poco de carne alrededor.

Ella la escucha. La sesión termina. Ella se queda con ese silencio atravesado en el cuerpo, tan pregnante como esa niebla. El sueño de Sarah abría la consciencia de un infinito dolor de separación, que no aparecía como tal sino solamente como la piel de un canalla. Un agujero con la carne alrededor. La psicoanalista le dice que la fusión fría entre dos seres señalaba este estado de ser no separado que quema todo lo que vive alrededor, todo lo que no es uno mismo, que era una pasión sin afectos de alguna manera, mortífera porque la vida está en la diferenciación, el proceso de soltar, del progresivo «des-envolvimiento de sí mismo» que lo suelta a usted de los orígenes, padres, hermanos, amigos de la infancia, para ir hacia ese desconocido que lo constituye a usted y que llamamos «mundo».

El incesto entre hermano y hermana raramente se inventa sin que un peligro merodee alrededor de esos niños: sufrimiento, mentiras, cadáveres y secretos enterrados en la historia de parientes, es un terreno minado que ofrece como único refugio reduplicar la violencia en una fusión total para resistir, sobrevivir juntos, dado que solos corren el riesgo de la destrucción. A veces el odio no viene más que para intentar deshacer la fusión devastadora que se ha llevado todo. La posibilidad de una palabra verdadera, de un mundo confiable, de un reconocimiento posible, llega demasiado tarde.

Buscando en la genealogía de su padre, Sarah encontró dos mellizos muertos en la batalla del Marne, en las costas inglesas. Ella fue hasta allí, donde la batalla había tenido lugar. Era un sitio militar inutilizado, no había tumbas, solo una placa conmemorativa con los nombres. Pierre y Michel R. Tenían dieciocho años. Niños. El tío se llamaba Pierre, en memoria del mayor. Su hermano menor, el padre de ellos, había sido preservado por adelantado, lo habían llamado André, nombre proveniente de la línea materna. La piedra [*pierre*], eso que resiste todo, incluso la muerte. ¿Cómo esta memoria entra en nuestros cuerpos, cómo toma posesión de una vida hasta hacerla vomitar, si ella no descubre por lo que está en deuda, de qué secretos enterrados la cubrimos? Al tío le gustaban los juegos SM, pobre renovación de una memoria de la fosa común a la cual no le habíamos ofrecido ningún acceso consciente. Ninguna palabra le había sido dada alrededor de esta historia. Y él no había buscado. La fascinación que ejercían sobre él los niños no tenía razón. Sarah intentó hablarle, en vano. Ella intentó reconciliarse con su hermano Malo, pero él posponía el encuentro, demasiado deprimido, decía él, para ver a nadie. Su padre no la veía desde hacía varios meses, con el pretexto de que Irina, su madrastra, no la soportaba más y que él no quería «tomar partido». La indiferencia de los parientes, cuando la memoria del trauma se despierta, puede ser letal. Sarah interrumpió el análisis, acusó a la analista de ser despreocupada. De no poder hacer nada por ella, y se volcó en la meditación.

Malo se suicidó ese invierno. Su hermana fue todos los días durante un año a su tumba y luego renunció, ella también, a sobrevivirle.

Los niños abandonados habían sido seducidos por las puertas de azúcar y las ventanas de pan de jengibre de la casa en la cual estaban refugiados.

Esta vez, Hansel y Gretel no se escaparon de la bruja.

Es el tío quien se ocupó dos veces de los funerales. Alabamos su generosidad y la belleza de su testimonio.

Fusión fría

¿Cómo existir cuando fuimos arrasados dentro del otro, confundidos con el otro al punto de ser disueltos? ¿Cómo volver dulcemente al sí mismo cuando nos ofrecemos al otro hasta el punto de no conocer más que los contornos de su ser? Este encantamiento en el otro provoca escalofrío y vergüenza pero también una adicción asegurada. Una adicción porque la sensación de vivir dos en un mismo cuerpo, en un mismo espacio psíquico, nos recuerda sin duda nuestro origen fetal. A veces esta fusión entre dos seres es «fría». La simbiosis que ata dos a seres el uno con el otro sin que ninguno de ellos pueda concebir la vida sin el otro es entonces en la superficie totalmente imperceptible. Ellos serán en apariencia totalmente diferentes, se verán «fríos», enojados, separados, esto entendido geográficamente, pero en realidad la fusión permanece total, inalterada. La adicción empieza con esta intensidad de la fusión compartida.

Vivir cada uno en un continente no impide la fusión. Dos cuerpos —una misma piel. Orlado, borde a borde. El interior de uno es el exterior del otro: «Yo siento lo que vos vivís antes que vos porque me alojo en tu interior, y aun así te frecuento poco, ignoro a tus amigos, te llamo solamente cuando las ocasiones me obligan». Esto pasa a menudo en la familia, pero no siempre.

Para ser separado no es suficiente nacer, haber nacido. Hace falta sin duda haber encontrado en esta soledad una respiración nueva, un espacio para sí mismo, haber podido desplegar su cuerpo y plantado sus raíces. Si no, en su defecto, es el retorno imposible al vientre materno, la atadura a ese o esa que hará revivir lo más próximo a esa sensación fetal, acurrucarnos lo más cerca de los latidos del corazón de otro. La fusión fría no es sentimental, ella es extrema, es helada, bajo una aparente indiferencia o ardor, ella es pulsional pero no es emotiva —no hay tiempo de arbitrar los sentimientos donde la diferencia del otro sea desarrollada en uno como una sombra amenazante. Hay que hacer como si no estuviésemos, o estuviésemos poco atados, y lanzarse dentro de ese ser. Pero si el otro vive (sin mí) yo muero, y si el otro muere, yo muero también.

Del amor y del deseo
*(the devil in the box)**

Nosotros queremos un mundo mejor.

Se entiende.

Un día utilizaremos las tecnologías más sofisticadas para recuperar el estado de la naturaleza eternamente soñado. Una tecnología en la que el genio sabrá hacerse olvidar, adaptando los alimentos a todos los formatos posibles: predigeridos —nada que el cuerpo no pueda asimilar, nunca más un elemento nocivo—, de buena talla y color, absolutamente deliciosos y cien por cien «de origen»; nada más verdadero y BIO. La tecnología, sin ninguna duda, proveerá nuestras necesidades de autenticidad más imperiosas. Lentamente, nos sustituirá para darnos el jardín del Edén. Bajo el control de normas, las más estrictas, nos hará caminar al paso de un mundo verde eternamente joven y desprovisto, autorregenerado, donde los hombres habitarán amablemente, pero firmemente, llamados a respetarlas sin que por eso se abismen de ninguna manera. Orwell está muy lejos de nosotros. Ninguna necesidad de un ojo sideral para dirigir la cámara y registrar nuestros deseos, nuestras conductas y nuestros sueños. Es suficiente que cada uno de nosotros acepte; la servidumbre voluntaria es nuestro futuro.

* En inglés en el original, «el diablo en la caja». [N. de T.].

Las decisiones políticas como los eventos de la vida íntima podrían a su turno seguir el paso. No más autodestrucción, no más que la calma y la voluptuosidad. En este mundo donde la belleza y la pulcritud reinarán, las pasiones serán justas y lícitas, autorizadas en proporciones razonables, y toda forma de violencia anestesiada en el huevo —embriones seleccionados desde el origen, a fin de detectar una desviación eventual: genes de la maldad, de la envidia, de la celosía, de la estupidez, definitivamente descartados.

La biotecnología está en sus balbuceos. No se trata de diabolizarla. *The devil in the box* es mucho más astuto como para dejarse encerrar de cualquier manera. El mundo mejor que nosotros deseamos está al alcance de nuestra mano, la pregunta es: ¿a qué precio firmaremos nosotros ese pacto? El diablo es el mundo pulsional que nos anima, la búsqueda de la vida intensa. Creemos desear alguna cosa, a alguien, somos unos románticos, lloramos, nos llamamos, nos buscamos, nos escatimamos, nos odiamos, nos perdonamos, pero en realidad la trayectoria de la pulsión es una balística precisa. Queremos la vida intensa —es así que podría traducirlo lo más cerca a nuestra lengua. Y el cursor de esta intensidad se decide muy tempranamente, en la pequeña infancia. Educados entre gritos y violencia, es probable que usted busque la *tonalidad* de esta violencia, ya que ella será la matriz de intensidad en la cual a usted le han transmitido el modo de empleo para la vida. Educados en la música, usted será bañado en una matriz de sonidos, si lo puedo decir así, que tendrá fuertes chances de hacerlo volver sobre sus primeras ligaduras, esas que le hacen experimentar que usted está vivo.

El diablo se fortalece con toda acción que se le contrapone, con todo pensamiento movilizado para rechazarlo, ponerle trabas, evitarlo. Corrompe eso que entra en contacto con él porque su seducción es infinita. Usted lo ensucia al relegarlo al rango de las calamidades, y resurgirá como el salvador de la humanidad. Lo mismo, pienso, sucederá con la ecología. No es cuestión de no hacer nada, es urgente pensar las condiciones para que sobreviva nuestro planeta, pero sobre todo en la miseria que sumerge en el infierno a gran parte de la humanidad, mientras que la otra se da vuelta como si ella no existiera —tachada del registro de los seres vivos recomendables, demasiada culpabilidad, demasiada vergüenza. Indiferencia también. Están demasiado lejos de nosotros. Pero no sirve de nada querer construir un mundo mejor banalizando toda «polución». Lo mismo que la psique se nutre de sombras que nosotros rechazamos en los territorios devastados donde no osamos aventurarnos más que en el sueño, de igual modo, es comprendiendo lo que en nosotros produce la polución, el desecho, lo inviable como quizás esos mismos desechos podrán un día servir al ciclo de la regeneración. Nuestras sombras, nuestros «residuos» tienen, como los espectros y otros fantasmas, la desafortunada manía de insistir para volver sobre lo que expulsamos lejos de nosotros. Ningún placard cerrado con llave, ningún sótano asegurado es suficiente. Barba Azul tiene bellos días por delante.

¿Cómo sobrevivir a lo que durante tanto tiempo estuvo incuestionado? Nosotros estamos allí en las comarcas de lo arcaico, esas que el diablo ama por sobre todo merodear. El diablo es usted: todas las lealtades acumuladas durante tantas generaciones actúan más aún que las convenciones (antes las llamábamos la «clase social»). El diablo nada ama tanto como tomarse el tiempo de vestirse en su casa. De robarle a usted su ropa, y así maquillado, pavonearse en su casa por todos lados donde usted pone en riesgo su espacio. El diablo tiene la inteligencia de no mostrarse más que bajo sus atributos y sonríe, aun si hace espantosos estragos por detrás, justo allí y con aquello que usted habría querido proteger al máximo. El diablo es usted en transparencia, invertido en el espejo, como la escritura de algunos niños de cinco o seis años, aptos para escribir de derecha a izquierda trazando indistintamente sus nombres al derecho o al revés. La inversión en el espejo revela una verdad fugitiva, que no aparece más que en aquel que observa atentamente y se borra luego, para dejar el lugar a quien tiene el derecho —al derecho— de ser visto.

El diablo ama las miradas, es bien sabido. Hace como las hadas en los cuentos, que se vuelven malvadas cuando ellas no son invitadas a las fiestas, se inspira en este rechazo para reforzar su control psíquico. Intente terminar con una adicción por la sola voluntad, diabolice sus ansias, marque a fuego su frenesí y vea lo que le costará en trabajo, en sufrimientos, para que luego esto recomience en cuanto su atención sea desviada. El rechazo no es más que una opción, el compromiso será peor. Hace falta dialogar con los representantes del infierno y, como Virgilio, orientar la barca que remonta de los infiernos hacia la luz sin cesar de mirar, de entrar en correspondencia con los poderes «de abajo». La verdadera lógica terapéutica, en este sentido, es la conversión. Entrever que es la misma pulsión que quiere su pérdida y que lo hará vivir. Hay que cambiar el punto de vista, desplazarse radicalmente.

La tecnología, que no tiene estados de alma, como todos saben, es la mejor aliada del diablo. Porque ella es eficaz ante todo. Sepa usted expresar su deseo: ella lo resolverá. Nada está verdaderamente fuera del alcance. *Sex toys* en profusión, imágenes a granel, sexo imaginario al paso, poderes virtuales y drogas reales, el arsenal es reciclado continuamente, novedades sin cesar disponibles. Usted sale a ver... usted quiere el romanticismo también, los sentimientos, el gran juego. La tecnología le ofrecerá lo natural (la ecología *new age*), pero también el vals y el tango, Venecia y el amor a primera vista a voluntad. Usará la razón para que usted se ate mejor. Todo esto evidentemente no es tan simple, las repeticiones son *patterns*, son esquemas —reconducciones término a término de la misma ecuación. Es una equivalencia de relación, como las fracciones. Queremos estar intoxicados de amor pero no sufrir, queremos la naturaleza pero sin la intemperie, las inundaciones, los desiertos, queremos amar y desear sin cansarnos jamás, queremos la intensidad sin el dolor y la melancolía sin el suicidio. Y sin embargo hay una verdad en juego, en todo esto, y termina por reclamar lo suyo y a menudo con su brutalidad acostumbrada.

El mundo mejor tiene por representación nuestros delirios y nuestros sueños de pureza, de simplicidad y de comprensión mutua. Nada es más artificial, más difícil de construir. El origen que convocamos en nuestros jardines de hadas y en nuestros espacios verdes protegidos de toda contaminación industrial se parece a esos *ghettos* de ricos que proliferan al oeste de nuestras capitales, con guardianes celosos, perros malos y con un césped impecable. Vivimos felices entre nosotros, jamás molestados, o un poco, el rumor lejano de un mundo que apenas llega hasta las puertas de estas moradas deseables. La ecología bien podría terminar así si no tenemos cuidado, entre dos torres de vigilancia y por detrás los alambres de púas, con los índices de protección y horizontes serenos donde una pureza sin igual no admitiría ningún gen extraño, ni siquiera un híbrido, ni siquiera lo que lleva el viento. No se confundan, no vean una defensa de lo transgénico que empobrece la tierra y la vuelve estéril, implicando así una economía de la dependencia que me da horror, pero me da mucho más miedo todo esto que avanza enmascarado bajo la cubierta de pureza, de origen y de «trazabilidad»...

Podría ser así también en el campo psíquico. ¿Y cuándo se analiza lo «ecológico»? Querríamos terapias breves y poco caras, sin efectos secundarios y garantizando la felicidad de golpe. Esta vez lo que sería certificado de origen (su pasado), una vez embalado en un paquete aceptable para usted, será recodificado en su presente bajo la forma de aptitud acelerada hacia la felicidad (en fin), hacia la vida calma y amical, y hacia la eficacia (no olvidar eso que le debemos al cuerpo social): la eficacia halla su importancia... ¡es loco lo que la depresión nos hace perder en dinero colectivamente! Las sesiones cortas entonces, las historias bien balanceadas, el coaching rápidamente lleva la delantera en un empleo de tiempos complicados, nada que moleste mucho y sobre todo muy pocos efectos indeseables, todo esto da un resultado insignificante que proveerá solamente la indigencia de la psi o la indiferencia del paciente. O las dos. Los medicamentos que ayudan a hacer pasar todo, y la depresión no será más que un mal momento, pasado con rapidez, pronto olvidado. La anestesia se volverá un género adoptado. Mejor vivir poco que vivir mal, y no volver a sentir nada que sufrir. En este precio un mundo mejor le es a usted prometido. Usted puede exigirlo. Y ser reembolsado si a usted no le viene con el tiempo indicado.

El mundo mejor está al alcance de la mano. Aprovechémoslo.

Borde de Sena*

Era un hombre de edad, subía lentamente los escalones, perdía el aliento. Cada vez que le abría la puerta, la psicoanalista se disculpaba por estar tan alto, lo gratificaba con una sonrisa, a la que un niño habría quizás calificado de tontería, si no hubiese habido de inmediato un gesto de su mano para asegurarle que era realmente bienvenido. El viejo hombre se quedaba un largo tiempo silencioso. ¿Efecto de los escalones? ¿Toma de posesión renovada del lugar por los ojos? Asombro por encontrarse allí una vez más... él, que estaba tan cerca de la muerte, cosa esencial y fútil si las hay, decía, ya que, claro, es definitiva, pero uno no se acordará. Después relataba versiones de episodios de su vida cada vez un poco diferentes y que contaba a toda velocidad, como una película pasada rápido, hasta que un día ella le dijo que no estaba obligado a ir tan rápido, que podía hacer como con las piezas faltantes del rompecabezas, las zonas de sombras, las condensaciones, el misterio. Estuvo de acuerdo, y persistió. Eran relatos coloridos, divertidos, delicados. Él restituía no solamente su propia mirada sobre el pasado, sino que traducía la de toda una generación, desde su afiliación a la Juventud Comunista, después

---

* «Seine» (Sena) y *scène* (escena) se pronuncian igual en francés. Suenan dos sentidos al mismo tiempo: borde de Sena y borde de escena. [N. de T.].

en la guerra muy joven como informante, la deportación, la fuga (hubo dos) enseguida la política, Argelia y la ruptura con toda política (al menos su representación) el cuerpo diplomático (prueba de que...) el hastío, los libros —algunos ensayos sobre economía— otra vez el hastío y la vejez. Claro, nada que pueda hacer suponer en este recorrido accidentado, pero tan vivo, cualquier inclinación a la depresión. Nada sobre la infancia.

Alguien que le dice a usted que se aburre no es un neurótico grave. No puede serlo. La neurosis convive mal, finalmente, con el aburrimiento y no convive en absoluto con el humor. Cuando nos aburrimos, nos dejamos llevar a una zona «gris» aún indefinida, donde todo finalmente puede suceder —indeterminación a la que la neurosis le tiene horror, y a la que le opondrá un empleo del tiempo sin aburrimiento y sin hastío ni monotonía, un mundo en blanco y negro. En cuanto al humor, es aún peor. El humor lo vuelve a usted capaz de una distancia de uno mismo, cercana a la sabiduría. Freud, cuando se le pedía dar un ejemplo de alguien a quien «curó», le gustaba responder con el ejemplo del condenado a muerte a quien le anuncian su ahorcamiento a la mañana siguiente, un lunes: «Esta es una semana que comienza mal...».

¿Qué es lo que puede llevar a un hombre de ochenta y un años a comenzar un análisis? Él lo decía con una voz afectuosa: «Como puede ver, preferí venir a consultar». Para él, era una evidencia que derivaba de su relato. Pero para la psicoanalista esta evidencia permanecía del todo misteriosa. Pasaban las sesiones, ahora ella estaba impaciente por volver a verlo, los roles dulcemente se invertían, ella esperaba que él hablara y entrecerraba sus ojos, transportada. No intentaba más interpretar, ella se dejaba llevar y, cuando el relato se interrumpía más tiempo que de costumbre, retomaba el hilo preguntando por una palabra dejada en suspenso, una imagen huérfana, preguntarle por los contornos de un paisaje, sabiendo que él describiría no solamente los lugares minuciosamente, sino la atmósfera y sus propios pensamientos y el valor del tiempo de acuerdo al momento. Ella tenía la misma impresión que cuando su padre venía por las noches a contarle interminables y maravillosas historias. Este viejo hombre la sorprendía y la llevaba con sus episodios a cajoncitos de su propia infancia. En fin, ella estaba cautivada. La agudeza de la memoria de este testigo del siglo devolvía un sonido particular, como esos instrumentos de época que le hacen a usted volver a escuchar el barroco. Ella oía otro Mayo del 68 desde el balcón de un hombre de más de cuarenta años, que sufrió la guerra y que sin embargo se permite soñar con un París en llamas y que el Gobierno caiga, que un poco de anarquía empuje a esta burguesía ya seca de los gloriosos treinta y se infiltre el porvenir.

Un día, él le dice que de hecho no llegaba a hablarle a ella más que a los demás.

—Estoy atrapado, encerrado, todo lo que le cuento está tan lejos de donde estoy en el presente, en un infierno sin nombre en el que perdí el sentido de la vida.

Ella creyó que eso era una coquetería, una manera de pedirle que interviniera más en lugar de dejarse acunar como a una niña. De todos modos, si él subía todos esos escalones cada semana, es porque esperaba algo de este análisis.

—Usted va a creer que yo la provoco, agregó de inmediato, que me cansé de su silencio, pero para nada, es por el contrario una de las cosas más dulces que me haya tocado vivir recientemente. Es solo que me sorprende que inclusive aquí, con la confianza que le tengo y el deseo con el que vengo a confiarme, esté siempre tan alejado de poder decir por lo que estoy allá perdido, inmaduro, solo.

—¿Y si vamos a caminar? Propuso ella espontáneamente.

Era su último paciente, y de repente fue necesario que ella se moviera, que recorriera con él un espacio físico, ¿por qué? En el protocolo analítico no está autorizado pero tampoco está prohibido.

—Con mucho gusto.

Él aceptó su propuesta como si fuera, en ese instante, la cosa más natural.

Poniéndose su abrigo, ella pensó en todos los «paseos analíticos», esos trayectos no marcados donde pasaron tantas cosas; Freud con Zweig, cuando se estaba yendo, Zweig le suplica que le conceda media hora, y caminaron los dos a lo largo de un canal; Lacan con varios de sus pacientes, en sus últimas sesiones en las que lo acompañaban en auto, tren, a pie, ese tiempo fuera de tiempo donde todo parece pasar en otro lado. El diván está allí como nunca sin dudas, simbólicamente, colocado en el espacio físico, río que corre entre dos seres a los que une, a los que separa. Un poco como esos trayectos en auto en los que hablamos tanto que no miramos, palabra librada de la mirada pero que circula por un único espacio devenido enteramente eco, el tiempo, el paisaje que pasa, y la distancia que permiten todas las audacias de las palabras.

Ellos partieron.

Al principio, no intercambiaron nada especial. Descendieron hacia el Sena, tomaron prestadas las escaleras de piedra, se reencontraron en el sendero, dentro de ese espacio mismo fuera de la ciudad, tan cerca del agua, entre otros paseantes a esa hora de la tarde en la que se mezclan gente apurada con *flâneurs*,* hombres y perros, almas en pena y agentes del orden público. Toda una fauna que en los bordes de la noche se encuentra entre la errancia y la precipitación sin nada que decirse, como ellos, como si no se tratara más que de eso desde el comienzo, de ir a cualquier parte, no importa dónde.

—Usted me va a tomar por tonto... todas estas precauciones para no decirle más que eso... Es lo contrario a una revelación, un secreto tan pobre. Pero quizás haya sido necesario cambiar de marco, alterar algo, usted tenía razón, y ahora me siento libre para hablarle.

Ella no decía nada, lo escuchaba venir. Pensaba cómo la noción del infinito se presenta en nosotros. Pensar que hay tantas cifras pares como cifras simplemente. Belleza enigmática. Había tantas pequeñas luces sobre el Sena como ventanas, los puentes de los barcos que cabeceaban dulcemente. Porque ese diálogo, ese momento, eran inéditos en su experiencia de analista. Si ahora ella tuviera que rememorarlo, habría un vínculo, misteriosamente, con la matemática de los números, y la percepción ínfima y vertiginosa de la idea de infinito.

* El que pasea sin destino, practica el vagabundeo, la errancia. Es una figura emblemática en la poesía de Charles Baudelaire, que Walter Benjamin reconoce como central en la experiencia urbana.

—Amé a una mujer hace cuarenta y cinco años —él comenzó—. Que la perdí, creo yo, por estupidez, por arrogancia. Ahora que soy un poco más tierno hacia mí, y menos orgulloso también, creo que simplemente ella no me amaba lo suficiente. Y después, hace años, en un simposio cualquiera, había salido a dar una vuelta, no soportaba más tanta gente, y vi a una mujer sola, que fumaba. Le pedí fuego, hablamos. No tenía la intención de «caerle bien», como se dice hoy, estaba bastante deprimido, ningún romanticismo en ese encuentro, la banalidad absoluta, el hastío que te hace dar un paso al costado. ¿Por qué? No lo sé. Demasiado hastío, sí. Y después otra cosa quizás —eso me hace pensar, no sé por qué, en el infierno de Dante, cuando Virgilio se encuentra entre las almas errantes, las que nadie llora, las que nadie reclama y las que, ellas tampoco, jamás imploraron a Dios. Qué genio haber pensado en hacer de estos seres una categoría aparte en el desamparo: los que no pidieron ayuda a nadie y que no son llorados por nadie. Dante dice que prefería incluso el infierno para ellos a esta *no man's land* en la que se pierden, pero que en el infierno habría barullo, se tomarían de alguien —como sea, mi memoria no es tan precisa, pero me acuerdo bien de haber sido golpeado por este pasaje. No lo leí todo, fíjese bien. Entonces le ofrecí fuego, quizás estábamos ella y yo en este género de espacio intermedio donde no falta nadie, ¿quién sabe? Terminamos juntos en mi habitación, estábamos todos encerrados en uno de esos hoteles pretenciosos donde normalmente tienen lugar los simposios. Salimos alrededor de las cinco de la mañana y fuimos a caminar por la ciudad, estábamos felices como colegiales.

—El infierno de Dante... ¿terminó tan mal?

Ella pensó que habían caminado como ellos en ese momento, que caminar al alba o durante la noche por una ciudad es vivir un poco la experiencia de un *no man's land*, de una travesía por lugares no familiares y sin embargo conocidos —y que estaba bien así.

—Sí, no. No lo sé. Nos volvimos a ver, mucho, intensamente. En fin, creo que usted entendió, ella era la hija de mi primer amor y yo no lo sabía. Otro apellido, otro nombre, un leve parecido, pero más bien cosas para enamorarse que para dudar... El descanso duró poco. Tan rápido tuve duda.

—¿La duda?

—Que ella fuera mi propia hija. Una posibilidad entre cien, pero imagínese... No voy a hacerle toda la cronología pero era factible, y desde entonces saboteé esta historia como había echado a perder la primera.

—¿Cómo?

—Un pretexto absurdo, que tenía otras amantes, que era un viejo cínico cansado, la diferencia de edad. Todo era falso, salvo la edad. Era una posición insoportable. Pero mi vida entera es insoportable.

—¿Insoportable?

—Relea *El Infierno*, insistió él.

—¿No es factible lo contrario, que todo lo que habría podido inclinarse del lado del amor, con el deseo de compromiso que el amor sostiene, le haya sido prohibido?

—¿Que se me haya prohibido? ¿Pero en nombre de qué, por quién?... No lo sé. Esta historia debe haber sucedido mil veces, ¿no es así?

—¿Leyó usted esa bella novela de Theodor Fontane, el Flaubert alemán, *Effi Briest*? Pone en escena una historia de alma errante y amor, usted lo verá... Un hombre enamorado de una mujer termina casándose con su hija. Él tiene veinte años más que ella y la lleva a una ciudad de guarnición. La ama como se debe amar, le hace una hija y ella, apasionada, que no sabe nada de la vida, simplemente registra sensaciones minúsculas de alma y cuerpo, miedos minúsculos sobre los cuales no puede emitir ninguna palabra. Pues ella se halla seducida por un comandante de paso —que el marido matará diez años más tarde cuando descubra sus cartas. El vínculo con el oficial no dura más que unos días, vínculo sobre el cual Theodor Fontane no se extiende, casi como si fuera un detalle de la historia. No la describe. La pone en escena, como lo hizo tan seguido Shakespeare, un encuentro fallido, en el que el drama interviene como figura de un *après-coup* absurdo. Es diez años más tarde, por descuido, que el marido descubre las cartas, él se cree obligado a batir a duelo al oficial. Él lo mata, se divorcia de su mujer y la separa de su hija. Effi Briest termina sus días triste, sola y tuberculosa. Y su marido también, que la amaba, a ella, en realidad. Es una novela sobre el deslumbramiento y la tontería del orgullo, pero también, muy secretamente, sobre los «efectos espejo». Querer casarse con la madre y hacerlo con la hija, el malentendido está allí, colocado, existencial, una en el lugar de la otra, y este «intercambio» va a alterar todas las otras relaciones, incluyendo, y de forma crucial, a la verdad. Usted comprendió por qué pienso en usted. La verdad del deseo se traduce en el cuerpo, en particular el de los niños. Esta novela habla de los efectos espejo de la celosía: el marido se cree obligado a provocar a duelo al amante diez años después y él, el amante, a responder, a acudir y a morir. Es el espacio puramente nominativo y reverberado del lazo social, que es tan ferozmente puesto en abismo en esta novela, como ha sabido hacerlo tan bien Flaubert. El código de honor es un código ancestral que enmascara toda otra cuestión: el hecho de que el marido de Effi se hubiera casado con ella en lugar de con su madre y que resolvía también, en otra escena, esa equivocación.

Y se lo hacía pagar cien veces a su hija...

—Usted observa que soy culpable...

—Si le hablo de este libro, es solo para mostrarle que no se puede arreglar todo, que esta joven a quien usted amó intentaba ella también reparar algo amándolo a usted.

—... ¿Por qué no le pude hablar de esto antes? Mientras que sí de la guerra y sus horrores, de la pobreza de la madre, del analfabetismo de mi familia, de la guerra de Argelia, la vergüenza, todo eso. Pero esta historia banal, no, imposible. Fue necesario que usted me invitara a venir a caminar cerca suyo al borde del agua, y aquí mismo aún es para mí muy difícil... —Él observaba el ligero cabeceo de las barcazas al borde del sendero—. Es aquí donde una mujer se ahogó el mes pasado. Aparentemente estaba ebria. La pasarela es estrecha. Yo siempre soñé vivir en una de estas barcazas, usted no dice más nada... Pero por qué es para mí tan doloroso hablar de eso. Creo que había encerrado el recuerdo de esa horrible tarde en la que ella...

Hubo un silencio.

—Maté a esta mujer. Por accidente...

Un nuevo silencio, palpable esta vez en tanto la tristeza era de repente vertical.

—La llevé a nadar demasiado lejos. Había corrientes. La sostuve y luego perdí mis fuerzas yo también. Me encontré en la playa, no sé todavía por qué milagro. Ella estuvo a la deriva por varios días, y luego encontraron su cuerpo. No hubo interrogatorio, ninguna pregunta. Había viento sur (mistral), malas condiciones. Casi se ahoga un windsurfista también. Me consolaron y me dejaron ir. No osé llamar a su madre. No podía afrontarlo, usted comprende... tampoco después de todos estos años. Nadie intentó localizarme, saber quién era yo. O tal vez lo sabían...

—Usted se piensa culpable de su muerte.

—No me pienso culpable, lo soy. Hay dos o tres cosas de la vida de las que estoy seguro, esta es una de ellas. Ella estaba cansada, yo la convencí de volver a nadar, había viento, ella me siguió. Vivo con esta imagen de ella en las olas, sin descanso, día y noche. Un puro y simple asesinato, en fin, llámelo como quiera. No vamos a jugar con las palabras. Yo sabía que ella me iba a dejar, demasiado joven, demasiada diferencia de edad, quería tener hijos, etc. Es agobiante.

—¿De qué le sirve eso?

—¿Cómo?

—Sí, ¿para qué le sirve sentirse culpable: seguir creyéndose todopoderoso? ¿Para impedir que viva de una vez por todas? ¿Para imaginar que todo habría podido ser diferente y nunca estar en paz?

—¿Usted insinúa que mi remordimiento, mi vergüenza, llámelo como quiera, podría devolverme algo?

—Es tan tentador escaparse de la vida, tener la cosa abrochada, el territorio encerrado, en presencia de uno mismo. No más historia, no más final, no más tiempo. Está todo contado, repetido, no más porvenir. Usted se piensa asesino. Si usted lo fuera, nunca contaría la historia de esta manera, porque lo *sabría*.

—Pero, precisamente, yo lo sé.

—El culpable siempre vuelve al lugar del crimen, pero no así. Usted busca una grieta en el análisis para no morir en el calabozo, para que aparezca el tiempo abierto, pero le teme infinitamente.

—¿Usted cree que va a conseguir redimirme de semejante crimen?

—Redimirlo no, no estoy a la altura como para luchar sola contra su juicio interior, o lo que guarde en su consciencia.

Habían llegado al final del sendero. Las luces alrededor hacían aparecer al río más negro que nunca, y los edificios en la otra orilla, casi artificiales, de cartón.

Pero ¿por qué, en efecto, ella quería tanto que él no fuera culpable? Si él atesoraba esta realidad después de tantos años, es porque le era sin dudas necesaria, tanto como comer o dormir. Y después ¿si él hubiera realmente llegado demasiado lejos, conscientemente? No, ella no creía en esta culpabilidad, demasiado evidente. Pero en otra quizás. La de un lugar incestuoso del que no habría podido librarse jamás. Las historias incestuosas forman este género de trama, cerradas con doble vuelta en cajas negras. Él había amado a la madre antes de enamorarse de la hija. No era culpable de ser su padre, nunca la había visto antes. ¿Pero quizás había, fuera de la memoria, durmiente ahí, entre las generaciones, historias de incestos que buscaban decirse? Así va el sacrificio, busca hacer salir al trauma de su borramiento, de un olvido que envenena el pasaje de generaciones enteras. Es la historia de los Atridas reiniciada sin pausa.

Cuando uno lleva en sí mismo, en generaciones precedentes, la violencia, sucede que vemos los efectos de traslación durante un tiempo infinito, como si el círculo no fuera nunca a cerrarse, que el perdón no tuviera ningún efecto y el recuerdo, aún menos. Es necesario, entonces, ir a veces por el lado de los archivos. Eso es lo que la psicoanalista, mientras se van de los muelles, le sugerirá al hombre mayor: «Vaya entonces a los archivos, mire la historia de su familia y la incidencia de las guerras».

Él retorna a sesión como si nada, con sus historias y sus anécdotas sabrosas. Parecía serenado. Ella no sabía demasiado a qué atribuir esta claridad, esta liviandad nueva en él. ¿Fue como consecuencia de esta distancia del marco de las sesiones, de su paseo por los senderos que le había permitido hablar de su culpabilidad, u otra cosa?

Un mes después, le dio la noticia de que no había encontrado nada en los archivos, pero que sin embargo había continuado su búsqueda. Y allí, consultando los papeles que guardaba el notario de la familia, olvidados sin duda, nunca reclamados desde hace cincuenta años, había realizado un descubrimiento inquietante. Había existido una primera ahogada. Era la hermana de su abuela. Había sido encontrada en el Sena con su amante una mañana de diciembre de 1907. La identidad del amante no fue precisada en el informe de la investigación. La psicoanalista le preguntó si este suicidio nunca le había sido mencionado. No tenía conocimiento, respondió él. Su abuela, oficialmente, jamás evocaba a su hermana. Pero educó a su pequeña sobrina que tenía cinco años al momento del drama.

—La llamábamos Miguette, y yo la adoraba. Ella era un poco simplona, usted sabe, sin dudas hoy la llamarían esquizofrénica. Ella vivió toda su vida con mi abuela. Solamente sabíamos que su madre había muerto muy joven.

Él le dice que ella debía ser una bruja por haber adivinado que el Sena acarreaba en sus remolinos algo de su historia, oculta, extrañamente atado a su culpabilidad de haber sobrevivido al ahogo. No había explicación, ni repetición franca, ni confesiones ni culpable. Solamente el tiempo había cerrado el círculo, de una generación a otra, y alrededor del secreto de una muerte por ahogo, amorosa, quizás madre hija, culpable de adulterio, ¿en fuga, quién sabe? La sombra portada de su propia historia de amor.

Nos resulta difícil creer que somos parte pregnante, en nuestro cuerpo, nuestro deseo, nuestro nombre, en los círculos de nuestra historia, depositarios de una memoria de generaciones anteriores que no cesa, en cierta manera, de querer «decirse», volver al gran día, encontrar en nosotros una posible traducción. La hermana ahogada desaparecida de la genealogía de este hombre, borrada, había vuelto a la superficie bajo los trazos de una joven mujer amada, luego perdida, a quien no había podido salvar. Nuestra compulsión a repetir, decía Dolto, es también una compulsión a reparar. Somos hechos del entrelazamiento de estas dos fuerzas: la que legitima el pasado duplicándolo y la que reabre campos de la vida intentando reparar las zonas más devastadas en nosotros, las más reprimidas, prohibidas.

El insomnio

El insomnio pertenece por derecho al amor. Pero también a esos territorios a los que huimos durante el día para, en la noche, encontrar refugio —a riesgo de ser tomados por ese vértigo frente a lo desconocido que se descubre en nosotros.

Son las tres de la mañana, usted no va a volver a dormirse, usted lo sabe por instinto; en un segundo reaparece todo lo que usted buscaba evitar. Una turbación lo toma, más inquietante que la duda, la ansiedad, el remordimiento. «El insomnio está hecho de la consciencia de lo que no terminará jamás», dice el filósofo Emmanuel Lévinas. La visión que usted tiene de los eventos, de los seres, de las palabras de la víspera se deforma y es lo incumplido lo que le salta a la garganta, es el estupor de un estado sin olvido, la insistencia de recuerdos inútiles. En la vecindad del sueño con la muerte, la noche insomne es una casa embrujada que no ofrece a sus huéspedes ningún refugio.

«Jamás, sin embargo, jamás el alma duerme»,* nos recuerda J.-L. Nancy, porque el insomnio es el pensamiento infinitamente precioso, es él mismo un estado de consciencia suprema, y el filósofo se equipara con gusto a un centinela al acecho a la hora en la que los otros duermen. Va a desalojar la verdad del lado del extrañamiento y de la inquietud, «cuando el alma en relación con ella misma», escribe Kierkegaard, «descubre la eternidad». Al sueño de los justos, el pensador prefiere la alerta del insomnio. Es durante la noche que nuestros sentidos se agudizan. «¿No percibes tú cómo de manera íntima, escalofriante, cordial, ella te habla, la vieja, la profunda medianoche?», escribe Nietzsche, es allí donde se ejecuta el más alto pensamiento. «Le hace falta al filósofo un doble oído y las orejas, las más sutiles [...]. Hace falta aprender a ver, habituar el ojo a la calma, a la paciencia, a dejar venir las cosas a él [...]; hace falta aprender a pensar como aprendemos a bailar».

¿Pero qué vela ella, esta alma inquieta, para no poder abandonarse al reposo? ¿Qué deseo, más allá del deseo, que se recuerda de ese modo a ella misma? De repente están despiertos en plena noche, por nada. Sin ganas de leer ni de hacer el amor, y cuanto más busca el maná reparador del sueño, más él parece soltarse de usted. Tiene miedo como los escolares de estar agotado mañana, mientras que está solamente en la fatiga de vivir. Pocos insomnios en tiempos de guerra o en la agonía de la pasión (noches blancas, sí), ni en la extrema tristeza de un duelo o de una prueba; no, el insomnio pertenece más bien a la entre-vida, esos momentos en

---

* Jean-Luc Nancy, *Tombe de sommeil*, Galilée, 2007. En castellano, *Tumba de sueño*, Buenos Aires, Amorrortu, 2007. [N. de T.].

los que no habitamos nuestra propia existencia sin poder por lo tanto desprendernos de «la inquietud de sí». ¿Es el recuerdo de un terror antiguo? Allí, solo en la noche, me encuentro cara a cara con un todo que en la vida cotidiana me desvía. ¿Y si el insomnio fuese deseable? En el mito de la caverna de Platón, el que se da vuelta hacia las imágenes proyectadas sobre el muro para comprender de dónde viene la verdadera luz, debe afrontar el sarcasmo de otros y salir solo. El insomnio está hecho de esta soledad: es nuestra vigilia de estar vivo, lejos de esas lealtades múltiples, a las cuales nosotros obedecemos desde la infancia.

La hospitalidad al insomnio nos da acceso, como la escucha analítica, a una otra soledad, ni agobiante ni culpable. Alguna cosa entonces se abre… Ya que si la noche es la tierra de nuestros miedos, también es esta inagotable reserva de ideas, de sueños, de invenciones que de manera inesperada el insomnio nos hace recorrer a contrapelo. Consentir al insomnio, el espacio interior es a ese precio. El amor puede serlo también.

La ciudad como territorio amoroso

La ciudad es un territorio amoroso. Lleva mucho tiempo darnos cuenta. Para empezar nos paseamos con toda tranquilidad, con sus lugares favoritos, sus lugares a evitar, los barrios poco concurridos, en fin, toda una red interiorizada de calles y de recuerdos hojaldrados desde la infancia y la adolescencia hasta el presente, allí donde usted está.

Y luego de golpe el que usted ama lo abandona. Y, de repente, el barrio tan amado se le vuelve insoportable, usted no puede atravesar el límite de una calle, ese bar donde se les hacía tarde juntos se vuelve el lugar aborrecible del cual usted nunca más cruzará el umbral. Usted dará lugar para las citas en lugares lo más alejados posible de este círculo trazado con la tiza negra de amores saqueados.

A partir de la pena de amor, son esos pedazos enteros de la ciudad que se encuentran proscriptos, súbitamente prohibidos. Hace falta hacer rodeos increíbles para no acercarse a la «zona» con esta ambivalencia que se inscribe durante largo tiempo, donde teme tanto encontrar al amado pero donde lo desea con la misma fuerza. El espacio es un marcador psíquico privilegiado. No hace falta más que observar la manera en que soñamos con obstinación lugares que nos marcaron, niños en los que vivimos más tarde, algunos lugares tienen una pregnancia psíquica casi indeleble, como si le hubiésemos delegado la mayor parte de nosotros mismos.

La primera metáfora de la psique es espacial. Los dos eventos que presiden a la vida humana quedan impensados, el nacimiento y la muerte. La vida pasa en ese territorio que comienza y termina entre esos dos eventos. El espacio es nuestra metáfora primera. Porque nosotros estamos en el mundo en una soledad que tiene como primer refugio el espacio, piel maternal, olor, brazos, moisés, habitación, este espacio va alargándose en círculos concéntricos hasta divisar el infinito, el espacio absoluto con hueco, jamás visto delante de nosotros, salvo en el espejo, nuestra propia silueta. ¿Podría entonces ser lo mismo psíquicamente, que este espacio vacío proyectado interiormente (el yo [*moi*]), sobre el espacio por fuera, pudiera adquirir en el real una autonomía que le es propia?

En esta impermanencia de toda cosa, nos desplazamos recreando refugios en la ciudad, buscando un resguardo como niños, antes de la tormenta. Los sueños nos transmiten este saber de lugares, todo aquello que nos conmovió, lo que nos atravesó adquiriendo en el sueño una singular importancia, una fuerza segura. Nuestra fidelidad o infidelidad a los lugares dice la manera en la que nosotros habitamos el real y la vida. Casi anterior a nuestra relación con los seres amados. Los barrios de una ciudad tienen ese mismo poder. Cada espacio grabado por nosotros tiene una capacidad de resonancia que, al antojo de nuestras impresiones afectivas, trazará en el espacio urbano la cartografía íntima de nuestros lazos.

Cuando una ciudad es atravesada por un río, ella nos recuerda que ninguna de nuestras construcciones, incluso las más magníficas, resistirá en último lugar a un elemento libre: el agua, el aire, la tierra, en su salvajismo. Habitualmente estas son domesticadas, *tamed*, como decimos en inglés, pero crueles tormentas y sismos pueden despertar y destruir nuestros resguardos mejor construidos. La impermanencia del agua podría ser el reflejo de nuestra psique, las aguas durmientes del sí mismo o del inconsciente que guía y sostiene las identificaciones más o menos frágiles de nuestro yo [*moi*]. Hay en esta relación de la piedra y el agua, en el interior de ciertas ciudades, un espacio muy particular que hace de estos bordes del río lugares de no derecho, zonas de invenciones secretas y vivaces. Estas orillas son en parte «fuera de la ciudad» como los alrededores de nuestra consciencia, en los márgenes, allí donde nos devenimos enamorados y nos descubrimos capaces de no importa qué. Las orillas del Tíber en Roma o del Garona en Toulouse eran hasta hace muy recientemente espacios de semi-libertad, casi baldíos más o menos permitidos, donde uno podía deambular y perderse. Cuando una ciudad domestica enteramente sus orillas ella es, ¿quién sabe?, tal vez esté poéticamente perdida. Ganada a la ley, al orden y a la belleza. El desorden de las orillas es importante como el borde de nuestro ser en el mundo, de esos estados de vigilia entre sueño y consciencia. Por esto, hace falta que la realidad esté lista —encuentro, duelo, guerra— y nos deporte suficientemente de nuestro centro de gravedad, de nuestro «barrio» de origen, para sacarnos de casa definitivamente.

Dépaysements[*]

Una ciudad, nos vamos un día. Para cambiar de horizonte, romper con los hábitos, ir a ver otra parte. La rutina nos agota, el calor nos da ganas de abandonar esas ideas demasiado frecuentadas para escapar un poco, salir a alta mar. Descartes nos decía que podemos encontrar el mundo entero en una estufa, en una habitación. Todo está ahí, claro, y no hay necesidad de ir afuera para encontrar el mundo. Es suficiente con estar atento, estar «en sí mismo». Sí, pero Descartes fue primero un gran viajero, guerrero, duelista, ha tomado riesgos, atravesado fronteras ilícitas, se ha arriesgado en territorios prohibidos; tarde en su vida, él se enferma en una habitación. Sócrates va a encontrar a la Pitonisa, hace ese largo camino físico, difícil, fatigante para escucharse decir: «Conócete a ti mismo». ¿Y si hiciera falta irse muy lejos para poder arriesgarse a lo más próximo de sí? Somos seres fragmentados, un hojaldrado, que una unidad frágil y siempre renovable quisiera resumir diciendo «yo» [«*je*»]. Pero este yo [*je*], ¿cómo sabría él qué lo compone, eso que ama, eso que desea, si no se

---

[*] No traducimos *dépaysement* porque no hay una palabra para esta idea en castellano. Se trata de una emoción que se produce como efecto de una ruptura (por desplazamiento físico o interior) que vuelve extranjero, exótico, todo alrededor. [N. de T].

arriesga fuera de sí mismo, en fin, para después volver a sí? El *dépaysement* es la imagen de este trayecto tal vez esencial que quisiera que nos perdiésemos para encontrarnos. Numerosos textos de sabiduría hacen estado de este necesario abandono: «Abandone todo y sígame»; o incluso: «Hace falta perderse». Y entonces es la errancia de Pulgarcito que a usted lo salva. Otro gran viajero, San Agustín, recorrió el Medio Oriente, una parte de África, Grecia e Italia para finalmente concebir la Ciudad de Dios acá abajo, entre los hombres, en el corazón del corazón de la Razón. Wittgenstein, en fin (la lista sería tan larga de estos viajeros de extraña fijeza), fue hasta el frente ruso para hacer la guerra, para volver y ser voluntario en un hospital inglés mientras que su curso en Cambridge era renombrado, ¿qué iba a buscar? ¿Qué hacer de esa demasiado próxima otra parte, de su inquietante extrañeza? Pues es el mundo, cualquier fragmento de real puro que encontramos, como Don Quijote, en este viaje sin retorno. No volvemos jamás del viaje, de ningún viaje. Cuando partimos, no volvemos los mismos, y es el *dépaysement*, porque hace eco en nuestras fragmentaciones interiores, porque brutaliza nuestras costumbres, tan cierto como que percibimos el mundo con los prerregistros continuamente tamizados por eso que pensábamos antes, sabíamos antes, anticipamos, devenimos, presentamos para no ser atrapados tan bruscamente por lo insólito. Así va el amor cuando se da como un rayo. Ofrece todos los *dépaysements* posibles a la vuelta de la esquina.

Una cuestión de hospitalidad

La hospitalidad antes de ser un pensamiento es un acto. Un puro evento. «Entrá y sé bienvenido», vos a quien no conozco. La hospitalidad, como el perdón, como el amor, se dirige incondicionalmente. Describe, más que una figura, un espacio donde este acto de invitación puede tener lugar. Este espacio, creo, es el lugar mismo del pensamiento.

Pensar, es recibir al originariamente otro en sí mismo. El otro como posibilidad misma de ser sí mismo. Acto de encuentro y de reconocimiento, necesita al menos dos personas y un espacio donde tener lugar. La hospitalidad en su esencia es incondicional, de hecho en cualquier sociedad humana la hospitalidad está regulada por leyes. Es esta tensión sin resolver entre hospitalidad incondicional y las condiciones dadas al acto de hospitalidad que la filosofía puede ayudarnos a pensar.

¿Por qué la ley de hospitalidad incondicional aparece en las sociedades primitivas, desde las tablas mesopotámicas hasta la Grecia Antigua, así como también en China y en las culturas preincaicas? Sin duda porque es una de las leyes fundacionales de toda civilización, junto con la de la prohibición del incesto. Esta ley inmemorial nos recuerda la condición primaria, exiliada, de la humanidad. Las primeras sociedades humanas son nómades, el hombre es un ser desplazado, precarizado desde la partida. El sedentarismo y la edificación de las ciudades vinieron después, tardíamente. La regla de hospitalidad incondicional constituye quizás este llamado muy concreto, muy imperativo e inmediato de que quien recibe puede, a su turno, al día siguiente, ser arrojado a la ruta y necesitar asilo. Es sin duda lo que traduce igualmente la raíz latina de la palabra hospitalidad: *hostis*, que significa a la vez «huésped»* y «enemigo».

Es así que hospitalidad y hostilidad tienen una raíz común en la lengua. Cuando hablamos de la regla de hospitalidad primitiva, no se trata de condescendencia. Darle pan a un mendigo no es ofrecerle hospitalidad. Tal era la regla: que el extranjero sea recibido como un rey. En esta inscripción primitiva, como durante el carnaval, el mendigo puede prevalecer por sobre el amo. En este sentido, la hospitalidad es el primer acto político.

El *hostis*, el huésped, es por lo tanto también un potencial enemigo. Derrida había inventado un neologismo: *hosti-pitalité*. El extranjero alienta el fantasma del que viene a desposeerte en tu propia casa, te seduce y toma tus bienes. Es por lo que Derrida articuló la cuestión de la hospitalidad incondicional a la del parricidio: el padre que es el anfitrión de la casa; el extranjero,

---

* *Hôte* en francés significa tanto «huésped» como «anfitrión», «invitado» o «invitante». [N. de T.].

a partir del momento en que la puerta le es abierta, tiene todos los derechos, incluyendo tomar el lugar de amo de la casa (muchos temores en la cuestión actual de la inmigración clandestina están ligados a este fantasma). Pero la hospitalidad incondicional es una obligación de recibir al otro sin pedirle nada, ni su identidad, ni de dónde viene, ni dónde vive. Derrida muestra bien que esta ley de hospitalidad incondicional no puede ser aplicada políticamente porque sería absolutamente subversiva. No podría fundarse ninguna economía, puesto que la hospitalidad incondicional cuestiona muy radicalmente las reglas del lazo social concebido en el intercambio y la reciprocidad, es decir en una simetría segura: «Yo te invito, y a cambio vos me ofrecés al menos tu identidad y tu lugar de origen —luego, veamos qué otra cosa nos interesa intercambiar».

La sociedad económica occidental fundada en el intercambio va así a dedicarse a organizar las reglas de la hospitalidad. Todos los lugares públicos que se dispersan en Europa a partir del siglo XIV (iglesias, hospitales) van a comenzar a pensar las reglas de la hospitalidad. ¿Qué será demandado como mínimo a un mendigo, a un transeúnte, a un refugiado, a un herido? Es así que esta efracción del otro «en lo de uno», idealmente pensada en la hospitalidad incondicional, va a condicionar las reglas de la hospitalidad: ¿a quién se va a abrir la puerta y según qué escenario? ¿Cómo podrá garantizarse y protegerse el que recibe al extranjero contra la violencia eventual del recién llegado? Estas preguntas animaron la reflexión moral de Kant y también la de Diderot y los Enciclopedistas. A la hora de las grandes conquistas coloniales, ¿qué hospitalidad ofrecer al «salvaje», a aquel que viene con sus códigos, su cultura; con qué derecho pedirle que renuncie y adopte nuestras costumbres? Cuando la ley de hospitalidad incondicional deviene un código civil con reglas, derechos y obligaciones, es un espacio común que se constituye. Pero demandarle al otro que venga hacia uno dentro de un espacio común es ya una forma de violencia. ¿Aún es hospitalidad? Se trata de pensar los efectos de esta «violencia», y allí surge la cuestión del espacio pensado como obra común, humano, pero también como arquitectura y lenguaje. Para tener la imagen de la casa, se necesitan los muros que constituyen un espacio continente (de sí y del otro) y al mismo tiempo puntos de pasaje (puertas, ventanas) entre el adentro y el afuera para poder circular, y pensar las condiciones del reconocimiento, la violencia, siendo a menudo el resultado de un efecto de no-reconocimiento. Alguien que sea invitado por su nombre a un espacio donde no hay ningún punto de reconocimiento (ni lengua, ni identidad, ni ningún código) puede de hecho estar tentado a violentar ese espacio, pues allí donde creyó ser recibido, en realidad se le ejerció violencia. La hospitalidad no es un requerimiento formal.

Hannah Arendt dice con justeza que las personas desplazadas, exiliadas, tienen dos nostalgias en común: su lengua y su muerte. Estando ella misma exiliada, no se reconocía alemana más que por la lengua, pues sus muertos habían desaparecido sin siquiera ser nombrados, sin sepultura. La cuestión de la lengua es también la de la censura. ¿Hasta dónde dejamos penetrar al extranjero en casa, a cuáles promesas vamos a condicionar su recibida, cómo delimitar los umbrales, lo que es visible e invisible, decible e indecible?

La cuestión del amor es la de la hospitalidad incondicional.

El pacto analítico

Para protegernos de la efracción del real, creamos rituales. Es sin duda la primera y la más fuerte protección contra la efracción del afuera que conoce el ser humano. Un día, lo negro aparece en el pequeño niño como «negro». Antes, lo envolvía, dibujaba su cuerpo, estaba a la vez dentro y fuera de él. Bruscamente lo «ve». Ya no le pertenece más, corre el riesgo de que entre en él, de invadirlo, pide una luz de noche, una historia y luego otra, pide alguien que ubique entre él y lo negro una palabra, que enciendan una luz en el pasillo, que lo retengan aún un poco lejos de él. Pide que le den el tiempo de domesticar la noche. Entonces va a inventarse un ritual, un pequeño *tour* de magia para hacer con este terror: un *doudou** muy suave contra su cuello, una música que lo mecerá, algunas palabras susurradas al oído, algo que él se repetirá o que masticará o que arropará contra él, para que cese el miedo, que él se aleje un poco de su cuerpo, de las sábanas de su cama, que alcance el afuera envuelto de noche. Esta relación con el terror es también arcaica en nosotros mismos, forma parte de nuestro «yo» [«*moi*»] como sus confines, como las cartografías

---

* Dejamos la palabra original puesto que, como ya se dijo, se trata de una pequeña y suave tela que cumple la función de objeto transicional. [N. de T.].

muy antiguas de la Tierra donde las *terrae incognitae* la bordeaban por todas partes.

En el análisis también, ese momento llega, inevitablemente. Pensar que nosotros le damos esa confianza a un perfecto desconocido justo porque hemos decidido hacer un análisis que es una vista del espíritu, o una increíble ingenuidad. Es en todo caso no conocer bien las capacidades de nuestro maestro interior que reina sin compartir en su territorio, sin dejar un o una otra que regentee con él el dominio. E incluso si el analista muestra la pata blanca, significando sobre mí: «Yo no te voy a hacer mal», «Yo no quiero más que ayudarte», eso es peor todavía, más sospechoso aún. Entonces, en el inicio hay colaboración, seguro. Y el dicho paciente habla, se cuenta, llora, se remonta un poco a su infancia, hace lazos inesperados, escucha también, es sorprendido. En fin, en el mejor de los casos, pasa un poco alguna cosa. Pero nada muy malo, mucho menos peligroso, desconcertado, turbado por odiar a alguien, o por enamorarse o por ser dejado, o por tener que hacer un duelo. Digamos que esto continúa, insiste. La desconfianza entonces se instala, lo negro comienza a devenir negro, a tomar cuerpo finalmente. Y viene en ese momento de golpe el niño-en-el-paciente que percibe que afuera se hace de noche y le piden que se duerma solo, que se quede tranquilamente en su cuarto y sin molestar a sus padres, que cierre los ojos y que no tenga miedo, que ese negro no se avalanche sobre él. De otra manera dicho, de repente se da cuenta que sueña, que alguien de carne y hueso esta allí, que recoge sus pensamientos, interviene sobre las cosas más íntimas de su vida, de su pasado, de su futuro también. Ve lo negro volverse negro. Quiero decir que no es el negativo, no, justamente la extrañeza.

No es normal ni habitual estar en lo negro, y eso debería ser simple. Las ganas de llorar, de llamar, vienen. Pero son otros llantos que antes. Ya no es la queja habitual, es el desgarro, el verdadero desgarro, es un verdadero llamado de la vida misma... Es en ese momento que el pacto se hace, o no. Es allí que a veces, raramente, un análisis verdaderamente comienza.

Es un extraño ritual que se pone en marcha, entonces, contra el terror. El analista es convocado al lugar del conejo mágico, del oso de las orejas desgarradas, de esos murmullos en la penumbra de la imagen sobre el muro fijado hasta que los ojos se cierran, medio-persona, medio-animal tótem, medio-mantra, medio-talismán, él entra en esta ronda donde pasa al costado de la infancia. De golpe hace alianza con el soñador, el niñito que tiene miedo, el consternado, el enamorado, el sofocador del desgarro, pasa enteramente de su lado como un arma contra los fantasmas.

El pacto analítico es una lengua secreta que jamás se intercambia, no es un sermón ni una promesa, no se puede desdecir, eso se produce o no, eso tiene lugar o no, ni una cosa ni la otra lo pueden decidir, es el genio de ese lazo que llamamos «transferencia», quien decide es su genio propio. Y esto desborda tanto al analista como al paciente. Ambos dos sumergidos en la oscuridad. A tientas, buscando algunos reparos como Don Quijote y Sancho Panza en la locura ordinaria de los tiempos. Alojar lo nuevo, lo inédito, es aterrorizante para la psique, ya que ningún paso está nunca asegurado. No disponemos de ninguna carta, ningún contorno preestablecido, ninguna lectura remasticada, ningún empleo del tiempo. Hace falta ser dos. En efecto, haría falta, para ser justo, decir que somos tres. El niño, el pasador de lo negro y lo negro, él mismo, de algún nombre que le hemos dado. Dios, misterio, real u objeto *a*. Qué importa, se trata de cruzar para alcanzar la otra orilla y encontrar un remanso. La otra orilla firmando nuestro destino de mortal, se trata también de quedar algún tiempo en el río sin ser llevado por la corriente. ¿El pacto es por esencia el del amor? Creo que sí, pero entonces haría falta dar al amor de transferencia, como lo nombró Freud genialmente, un sentido vasto y mágico a la vez. De una fuerza inalterable, capaz de desplazar montañas (nuestros miedos, nuestras ilusiones, nuestras fidelidades). Construimos diques tan altos para tener a distancia la noche, para no tener más miedo, nos imaginamos reparos intangibles, nos pretendemos tan razonables y no tenemos suficientes palabras para la banalidad de nuestro aburrimiento, de nuestra hambre, de nuestra desesperación, de nuestra pobreza, de nuestra sorpresa.

Te beso, decimos. No me olvides, decimos. Esperame, decimos. Yo te llamo, decimos. No sostenemos ninguna de nuestras promesas, nos escapamos constantemente. Nos inventamos otras vidas, imaginamos amar, ser dejado, tomar, desprenderse, aprender, ignorar, vencer. Hacemos todo esto para ¿quién?, ¿por qué? El pacto es un comienzo misterioso. Nos toma tiempo domesticar el negro, ya que envuelve el real sobre el cual no tenemos otra toma que nuestro pensamiento, nuestra inteligencia, nuestro amor, nuestra capacidad de ser en el mundo.

A veces hace falta presionar las cosas, ponerse a escuchar de *otra manera*, ya no hacer pagar las sesiones, volver al silencio absoluto, escribir juntos pequeños papelitos dispersos en la noche como las piedras del Pequeño Pulgarcito, inventar los pasajes entre las pesadillas y la vigilia, sumergirse en la música violenta, espaciar los encuentros, estirar el tiempo al infinito, inventar otro espacio, ir juntos por las orillas de un río. Entonces llega alguna cosa. Imperceptiblemente se desplazan nuestras fronteras. El miedo, a su turno, retrocede, cede sobre el real un poco de su poder, y deja al niño dormirse, encontrar el descanso y la quietud, lo deja pensar, exaltarse, imaginar, amar. Lo que es dado recíprocamente al analista, al paciente, no tiene precio. Es la invención de la vida.

¿Por qué tenemos tanto miedo? ¿Hemos tenido tanto miedo? ¿Este es el precio de estar vivos? ¿Verdaderamente vivientes? ¿Tener que elegir entre los vivos y los muertos, haber devuelto a los difuntos su lugar y apaciguado su cólera, haber saldado sus deudas y no esperar que te paguen con amor, en suma, quedar a mano en el incumplimiento de aquellos que nos han rodeado, mal amado, mal comprendido y no creer que hubiera podido ser de otra manera? Ser pasadores de la noche es un extraño destino; por cierto, no es un destino, es una tentativa de dar vuelta el destino.

Saqueos, delirios y sueños
en el país de las hadas

Las hadas fueron inventadas para responder al saqueo. En los campos minados, se necesita un consuelo inmediato, plegaria, recuerdo, llamado, sin esto morimos, no enseguida (ya que hemos sobrevivido) sino después, como Iván Ilich en la novela de Tolstói,* de un simple enfriamiento o de una herida minúscula y sin saber por qué. Los campos minados (guerras, infancia violada, burlada, traiciones) tienen de particular que hay que escapar de ellos y eso te hace sobreviviente, pero a veces sin que ninguna otra persona lo sepa. Ser un sobreviviente no es vivir y eso no permite aprender a vivir, eso permite solamente no morir, aprender a resistir, a pelear, a esconderse, a escaparse. Vivir, eso es otra cosa. Vivir no se aprende, se necesita de una infancia tranquila que envuelva nuestros pasos, un poco de dulzura acumulada, de tiempo para nada, aburrimiento, amor libre e imágenes vivaces en los ojos.

Los guerreros tienen mucha dulzura en sus ojos, y una melancolía extrema que los vuelve infinitamente atractivos. Se parecen a

---

* Lev Tolstói, *La Mort d'Ivan Ilitch*, Gallimard. En castellano, *La muerte de Iván Ilich*, Buenos Aires, Losada, 2001. [N. de T.].

Orfeo, quien fue abandonado solo frente a la entrada de los infiernos, sin saber cómo hacer volver a su bien amada de entre los muertos, ya que su amor les fue arrebatado tan pronto. Apenas comenzado, ya aniquilado. Las desapariciones se suceden como aquellas que acarrea la guerra, donde se destacan los que por definición no tienen nada que perder. No tienen más que perder que su cuerpo, que no es gran cosa al fin y al cabo. Todo lazo les es prohibido y sin embargo, ¿qué otra cosa hay que esperar en el frente que no sean cartas? Los soldados esperan postales, misivas, encomiendas, todas estas atenciones que prueban que existimos todavía para alguien, en alguna parte, pero te dan también, apenas vueltos del frente, ganas de vomitar, tan insoportable es la ignorancia absoluta de los otros sobre el infierno de las trincheras y de las minas.

Por desgracia, no hace falta estar en 1915 para experimentar esa alerta permanente y que te deja con los ojos abiertos durante la noche para vigilar el menor ruido y tener miedo a las pesadillas más aún que a la falta de sueño y al nacimiento del día. Los campos plagados de minas tendrán siempre el aspecto de campos de trigo bajo el sol del invierno hasta el día en el que uno de ellos explota y destripa el paisaje, solo en ese momento creemos. Antes era una hipótesis. En el mejor de los casos, un mapa detallado. El inconsciente no deja de querer trazarlo, a este mapa, para ponerlos a ustedes en guardia. Es allí cuando intervienen las hadas. Tienen el poder de hechizarlos, de derramar sobre sus brazos desnudos este polvo de oro que los echará a volar al País de los Sueños donde los niños son reyes. El hada Campanita existe, cada guerrero la vio al menos una vez atravesar su noche, su insomnio. Y acompañados por ella atraviesan los territorios ocupados, los pueblos destripados, las casas desiertas, los animales agonizantes. Y los atraviesan sin mirar demasiado (porque ellos saben), sin detenerse demasiado (no tendrían más fuerza para continuar), sin escaparse más (serían abatidos como desertores), ellos continúan.

Las hadas son sustanciales. Nos ofrecen dulzura allí donde el camino se quiebra y el terreno, demasiado accidentado, no permite avanzar más. Dentro de cada adulto hay un niño y dentro de cada niño, un guerrero. Un niño más o menos abismado que no olvida. No olvida jamás el terror que lo atravesó y la esperanza que llevó. Nosotros, las personas grandes, estamos en deuda con ese niño que en nosotros lleva esta memoria sin memoria de donde viene la posibilidad de creer, de amar, de asombrarse. Ustedes verán, si lo observan atentamente, que él guarda en un rincón de su miedo la posibilidad de un hada.

Estado maníaco

¿Usted está enamorado? Estado maníaco.

Usted está en llamas, desordenado, usted no tiene más hambre, duerme muy mal, tiene sueños alucinógenos, imagina cosas, cree oír otras, deforma las intenciones de su gente cercana, usted está demasiado excitado, culpable de abrumar a los demás con sus hallazgos, usted se siente solo aun en el medio de una fiesta, usted está aturdido por la existencia: estado maníaco.

Hoy, no está bien ceder a estos desórdenes emocionales, usted será pronto señalado como maníaco, impedido de pensar, de soñar, de estar loco. Puesto bajo calmante, resuelto rápido, y si usted persiste sin una mejoría respetable, usted será hospitalizado un tiempo para calmarlo con cura de sueño, y usted vuelve a su puesto.

Hay un gran número de personas de las que escuchamos decir, de ellas mismas o de sus allegados: «Hicieron un episodio maníaco», o aun: «un delirio», una apariencia extraña como si le destaparan de su CV un agujero negro antiestético —pronto reparado, con la promesa de no reproducirlo más—. Ni la felicidad soberana, ni la tristeza de algunos días (quien dice maníaco supone inmediatamente que sea depresivo también), parecerá natural, todo estado de ser un poco emocional estará sospechado de extremismo y juzgado potencialmente peligroso para el sujeto. La otra variante cada vez más de moda es: bipolar. Como una marca de ropa chic. «Creo que él/ella es bipolar». Aire entendido de aquel que comprendió, advertido del peligro, no se dejará volver a tomar. Había creído que estaba enamorado, que era asombroso, genial, maravilloso; no, solo era bipolar, cierre paréntesis; acá medicamos.

Bienvenido a la era de la manía-depresión. Así calificamos hoy en día a la locura ordinaria pero, sobre todo, de la cual nos defendemos. Necesitaríamos un nuevo Foucault para desarmar uno por uno los diferentes procedimientos de investigación, de diagnóstico, de puntaje en el interior del cuerpo social de estos individuos fuera de normas, que amenazan la quietud del cuerpo social. No es la estrella amarilla, claro, y no lo enviamos a la muerte, sino exiliado, sí, inmediatamente, y en primer lugar por el veredicto: «Usted es bipolar; no, no se va a curar o muy difícilmente; sí, es una estructura, lo vamos a medicar toda su vida, a menos que... con mucha suerte, quién sabe...». El efecto de destierro está garantizado, de vergüenza también, de desgracia que pesa sobre usted y sus allegados (cómo deben sufrir —«Es necesario que usted se aleje de ellos, ¿me comprende?»). Seamos serios, ¿de qué protegemos así al cuerpo social, con grandes gastos en medicamentos, habitaciones de hospital silenciosas, y de curas eternas delante de los psicoanalistas fatigados y también silenciosos? Lo que desde tiempos inmemoriales hicieron ¿los genios, los soñadores empedernidos, los místicos, los jugadores de póker, los adictos, los eternos adolescentes, los asociales, los violentos, los miserables, los sedientos de justicia, los indignos, los creadores? Sí, también. Toleramos cada vez menos la diferencia. Es así. En tiempos de la economía dominante, la diferencia lleva a la debacle, al consumo tranquilo de objetos previstos para este efecto: atraer el deseo hacia un objeto de consumo cualquiera (sexual, intelectual, físico, tecnológico, hay para todos los gustos). ¿Qué? ¿Todo esto no te alcanza? ¿El tiempo de ocio, las vacaciones organizadas, estos lugares de placer, música, fiestas, y todo el aburrimiento de la rutina en desorden? ¿Pero qué más quieren? No lo saben... Además, ¡«ellos» no saben lo que quieren! Su deseo no está ligado a nada preciso aún. Tienen sed de una cosa que esta sociedad no les brinda. Entonces buscan, y en esta búsqueda encuentran «estados de consciencia modificados», no por sustancias, sino por ellos mismos, por la búsqueda misma. Y este júbilo los aterra, no saben más dónde están, quisieran comprender y nadie dice nada, ninguna palabra es divulgada. ¿Entonces qué?

Estado maníaco.
Felices los que comprendieron que era necesario protegerse (al final proteger a los demás) de la propagación de esta «manía» produciendo un texto, una música, algo que puedan exhibir a cambio: Sí, estoy un poco exaltado, discúlpenme, un poco fatigado, confuso, ansioso, sí, me molesta todo el mundo con eso pero, vean, soy escritor, pintor, músico, plástico, comediante; en resumen, a estos «artistas», y solos a ellos, les será perdonado (y aún dentro de ciertos límites; si no, estadía discreta en el hospital para ellos también y pequeños sellos azules y blancos ni vistos ni conocidos, sobre todo no hablen de eso).
El estado maníaco es contagioso, da secretamente envidia. Cuál es esta exaltación a la cual ni usted ni yo tenemos acceso,

tenemos deseos de levantarnos y seguirlos, espiarlos, conocer el secreto de esta efervescencia inquieta, frágil, a menudo dolorosa, que Kierkegaard llamaba «la desesperación» sabiendo que nada podría igualar la intensidad. La desesperación como alegría extrema y sin oxímoron.

¿Qué hacer con esta gente, estos «bipolares»? Llegan infelices a los consultorios de los terapeutas para ser «sanados», curados de esta lepra que les impide vivir tranquilamente como los demás, sin hacer ruido, sin demasiado resplandor, sin daño. Cómo decirles que una vez cicatrizado este delirio, su ser conocerá una tristeza indescriptible y sin nombre, que en ese exilio tranquilo perderán su fe y el sentido de su vida, que acabarán por hacer una sana «depresión» sin saber por qué. Se habrán olvidado de que un día su vida se abrió en dos, dejó pasar la luz, demasiado fuerte, demasiado viva, claro, puede ser, que este tesoro, si ellos no lo toman, si no son los descubridores, serán sepultureros. Y si además ellos mismos se convierten en médicos, terapeutas, jueces, enseñantes, tendrán y sabrán que pasaron cuerpo y alma del lado de los censores, e interiormente no se lo perdonarán nunca, arrastrando la carga de una vocación secretamente quebrada (pero desconocida) en un oficio —en parte magnífico— con el cual fueron secretamente clasificados como en un presidio.

Cómo decirles que no tengan más miedo de su «delirio», cómo hacerles un signo de reconocimiento discreto (sin llamar la atención) hablándoles de esta manía aterradora, espantosa, mostrándoles la extraordinaria reserva de dulzura, de inteligencia, de bondad, de creatividad que ella oculta. Acumularon tantos diques que la mayor parte del tiempo la represa se volvió definitiva, sin posible vuelta atrás, ¡uf! Ellos se dicen: «Me escapé»

—¡salvados! Y cuando esta indecible tristeza los toma, venida de ninguna parte, ¿cuál es el bien que se extiende sobre cada momento de su vida de viviente, cómo decirles que esta tristeza es el rechazo a olvidar la «manía», la locura que un día los habitó, un día los levantó, un día los desbordó? Podemos cambiar esta parte de la locura por una fobia tranquila (evitar las grandes avenidas desiertas, los aviones transatlánticos, las serpientes —sobre todo las calles demasiado iluminadas de las grandes metrópolis); podemos también arreglar esto en la pertrecha «juventud» confusa de los flirteos, las ganas de cambiar el mundo, las noches blancas, la amistad jurada hasta la muerte, el deseo de aplacar todo, el amor loco, y decirse que salimos bien de todos modos. Inclusive formamos una familia, estamos operacionales y responsables. Como si la responsabilidad hacia uno mismo no exigiera, como mínimo, una fidelidad absoluta a los sueños. A la infancia, a lo que hizo de usted este ser con estos ojos, esta piel, este andar, esta fatiga también. No se trata de «empujar a los extremos», de creerse invulnerable a eso que en el delirio puede, es verdad, hacer que usted vuelque al otro lado, en el infierno de la angustia y del no-reconocimiento ciego de sí.

No es fácil estar perdido en esas tierras, ellas tienen que ver con tierras devastadas por otros. Quiero decir que en los «delirios» están también inscriptas las guerras, los traumatismos, los accidentes de filiación, todos los secretos, las heridas de los que nos precedieron en las generaciones y que tenemos a cargo, en cierta manera, de llevar cada día, de liberar del olvido. Sin las heridas desfiguradas del 14-18, sin los gases del 39-45, sin los sentidos prohibidos de la historia (nunca hubo guerra de Argelia, ¿cuál guerra?, ¿cuáles torturas?, ¿de qué habla usted?), sin la vergüenza, los incestos, los falsos padres, los falsos hijos, y todos los silencios, sin las palabras mortíferas, las maldiciones y los golpes repetidos, ¿qué serían nuestros delirios? Son los sueños venidos de estas zonas devastadas que habitan los espectros y las imágenes semidifusas que insisten para que se las recuerde, *a pesar de todo*. Son las alegrías desconocidas venidas también de nuestra capacidad de hacer de la verdad otra cosa que una conveniencia, otra cosa que una regla. El delirio es un reconocimiento de la verdad que excede las capacidades de nuestro ser —nos desborda y nos persigue, entonces creamos voces que nos amenazan, pero estas voces no dicen cualquier cosa.

La locura no es un territorio deshabitado, es más bien una lengua olvidada. Encontrar en sí los caminos para comprender la insistencia es permitirle a estas voces antiguas liberarse en nosotros y nosotros, con ellas, crear nuestra propia lengua. Es ser traductores. Pasar del horror al lenguaje, del estupor de la infancia a la escucha de lo que en nosotros nos habla de otra cosa, de lo desconocido, claro, pero puede no ser hostil.

Las mujeres se casan también con su madre

Contrariamente a la idea comúnmente admitida, uno se casa más a menudo con su madre que con su padre. Si hace falta buscar en nuestros lazos la repetición en el carril de la primera escena amorosa que se juega para nosotros como niños, se trata de la relación con el primer objeto de amor que buscamos reencontrar. No es la madre real, sus rasgos, sus gestos, su huella, sino la relación que ella tuvo con nosotros. Sería esta primera relación con el otro, global, instintiva, en la que buscaríamos perpetuar el recuerdo, o más bien el impacto, con aquel que comparte nuestra vida, y que tal vez también sea el padre de nuestros niños. Es con él que en la cotidianidad reencontraremos las mismas inflexiones de una madre de la que muy pronto interiorizamos la mirada. La figura del padre queda en cuanto a ella más transgresiva, figura ideal u odiada de un maestro para pensar, un tutor, un patrón, o bien será un amante de acceso complicado, difícil de ver y más aún de disimular. El instinto maternal se infiltra por todas partes en la vida de pareja, y adormece progresivamente el erotismo para reemplazarlo por un afecto dulce, una preocupación maternante, hábitos. Es asombroso ver cómo las mujeres en particular se encuentran en lucha con un compañero o marido tan intrusivo, o al contrario, tan indiferente, como no lo fue su madre. Su necesidad de reconocimiento, reactivada en su sufrimiento inicial por un compañero poco tierno, las hará desertar poco a poco de su cuerpo de mujer para ir a buscar en otra parte, en el alcohol o la comida, la melancolía, los viajes, el trabajo, las relaciones pasajeras —lo que las deja literalmente en su hambre. En qué ellas continúan protegiendo a una madre decepcionante con la que a veces lograron poner distancia humana, pero en el fantasma se resucita día tras día en las recriminaciones y los reproches dulces ácidos de un hombre muy ocupado.

La vida por procuración

El otro amado abriga en él territorios prohibidos en usted. Lo que él es a la luz del día, usted lo es en secreto, lo que él consiguió, usted lo desea, y si poco a poco usted gana confianza, usted va a conquistar secretamente, invisiblemente, uno a uno los grados de su ser escondido y no necesitará más de él (de ella) para que lo represente aquí abajo.

Si yo te amo tené cuidado, el peligro del amor se aproxima muy cerca a estas tierras incendiadas confiadas al cuidado del otro, el amado. Acercarse es estar de nuevo devastado, el cuerpo conmocionado por esta ausencia.

Ella era abogada de negocios, alegatos, maestrías; los hombres de poder no la impresionaban, todo se podía caer un día u otro, decía ella. Tenía un amigo alcohólico al que adoraba, sin el cual ella no podía vivir, con él tampoco. Ella se encargaba de todo. Lo odiaba por eso también. Después fue la muerte del padre y el derrumbe, inesperado. Abandonó todo y se dejó llevar enteramente por su compañero. Era de no creer que ella hubiera construido todo eso nada más que para él. Él comienza a sumar contratos, en dos años salió del subsidio de desempleo,* le recompró su parte de la sociedad a ella y cinco años más tarde ya tenía autonomía financiera. Ella comenzó a beber y casi no trabajó más. Adentro-afuera: uno ocupa el lugar que el otro defiende. Y viceversa, si es necesario. Si el otro no ocupa más el lugar del vencido, corresponde que a su turno ella lo tome. Lo que ella hacía, empeñada en destruirse con la misma obstinación que tuvo otrora para triunfar en su vida, como se suele decir.

La muerte de un padre no se controla. Fue enviada a la psicoanalista por su compañero, bajo amenaza de una ruptura inminente «si ella no hacía algo para salir de allí». Estaba visiblemente hundida, y sin intención de salir, entrando al consultorio como un toro al ruedo, buscando ya la salida, sintiendo el olor a sangre, viendo a los picadores, segura de que a la salida del encuentro no habría otro.

La psicoanalista la escuchó —¿no es lo que se suponía que debía hacer?— y se dice a sí misma que toda esa farsa no servía para nada. Pedir ayuda por una pareja que lo exige, no quiere decir más que la dependencia a la cual se obedece para vivir. Dependencia que, si forma parte del amor, no pide más garantías que la obediencia. La pasión, sí, de obedecer. La psicoanalista se inquietó solamente por la muerte de este padre. Y la mujer se fue. «Mi padre es una historia terminada». Capítulo cerrado. Fracaso del encuentro.

---

* «RMI» en francés: Revenu Minimum d'Insertion. [N. del T.].

La psicoanalista recibió un día el llamado de un hombre de negocios apremiado, fue así que se anunció de entrada, por el hecho de que tenía muy poco tiempo para destinarle pero tenía que verla con urgencia, ella tendría que darle una entrevista esa misma noche o a lo sumo al día siguiente. Ella comprendió que él tenía la costumbre de ser obedecido, o por lo menos tomaría muy mal que no le respondiesen. Le dio una entrevista para la semana siguiente, a tomar o dejar, no tenía tiempo antes. Él viene sin embargo, si bien ella había dudado, y se presentó a la hora acordada. Era un hombre bastante apuesto, sin características físicas notables pero con una suerte de soltura que otorga el poder y quizás el nacimiento. De entrada, le habló de su compañera, que le preocupaba mucho, él quería que ella consulte un psi, pero se rehusaba absolutamente, y resolvió ir él mismo a hablar para recibir consejos. La psicoanalista le preguntó si no venía también un poco por él mismo.

—Para nada —respondió sin pestañear—. Digamos que no tengo la impresión de necesitarlo, vivo bastante bien conmigo mismo, con mis elecciones de vida también, mi familia y mi sexualidad —agregó como si tuviese que conceder al territorio freudiano una respuesta que se le habría arrancado de todos modos.

—En este caso no puedo hacer nada por usted ni por su amiga —le dice ella tranquilamente.

Él la miró y sin duda evaluó unos instantes su grado de resistencia a su demanda.

—Bueno —admite—, digamos que puedo hablarle de nosotros dos, pero será pura pérdida, creo que su angustia viene de mucho más lejos, ella tuvo una infancia muy difícil, usted entiende, lo clásico...

La psicoanalista se hizo la que no comprendía en absoluto, y que visiblemente esperaba que él continuara. De nuevo, él titubeó. Después le explicó que su esposa era bailarina clásica en una compañía renombrada que hacía giras mundiales durante la creación de nuevos espectáculos. La había conocido en Nueva York, siete años antes, durante un viaje de negocios. Había sido subyugado como jamás en su vida y se había reunido con ella en todas las ciudades donde salía a escena. Ella también era coreógrafa, y contemplaba por cierto poner fin a su carrera de bailarina próximamente. Ya tenía treinta y ocho años, lo que la ponía muy insegura al mismo tiempo. Habían vivido una verdadera pasión física.

—... Créame —le dice él animándose bruscamente—, lo que le digo es verdad (¿el resto no lo era?, ¿o menos?) y es indiscutible. Es porque estuve tan apasionadamente enamorado de cada parcela de su cuerpo, de su arte, de todo en ella, creo, que le hablo así esta tarde. Todo mi cuerpo se modificó por este encuentro. Era un extranjero en mi cuerpo, un alien, yo cogía con mujeres, discúlpeme el término pero era realmente así, no conocía ni la pasión, ni el amor, ni incluso las sensaciones que bruscamente se apoderan de usted, le hacen llorar y reír, volverse loco, vivía cargado de certezas, sensato incluso en lo que creía mis locuras —ir de putas, fumar un poco de hash, seducir a la mujer de mi mejor amigo, etc.—; qué estupidez, no conocía nada de la vida, repentinamente me levanté a la mañana, miré los árboles, escuché la música, navegué con ella en mis brazos y comencé a vivir, a respirar, a nacer. Cómo abandonarla ahora que está debilitada, triste a morir, ni siquiera desesperada, dice ella, no tiene más ganas de levantarse a la mañana, ya no tiene el corazón para hacer el amor, para bailar, para soñar, yo le puse el mundo a sus pies, le ofrecí los viajes más lindos, los conciertos más bellos, pero es en vano. Poco después de habernos casado esto comenzó. Y, después de algunos meses, es la catástrofe. Cada vez que me voy al extranjero, y lo hago bastante seguido, entra en pánico, pero cuando estoy, es una sombra, irreconocible. No sé más qué hacer.

Lo que la psicoanalista descubre al cabo de algunos meses es que el hombre que le hablaba había decidido comprar un edificio para montar un estudio de danzas, a fin de facilitarle los ensayos de las coreografías que ella realizaba; después, de algún modo había «comprado» una compañía de baile, es decir que había funcionado de mecenas, la había financiado, primero parcialmente, luego completamente. De lo que él se apoderaba así, queriendo ayudar, era de su compañía, creía él, era «el espíritu de la danza» de algún modo, es decir precisamente lo que los hombres de poder jamás podrán comprar. Tenía necesidad secretamente del debilitamiento de su compañera para ganar poder y volverse, si no bailarín, al menos aquel que permite a la danza existir.

Vivir por procuración nos da acceso a una parte expulsada de nosotros mismos, incluso completamente prohibida. El otro da consistencia a lo que nos anima secretamente y, así, nos libera de tener que asumirlo nosotros mismos. Pero, con el tiempo, queremos expresarle tan libremente lo que, secretamente, nos queda de acceso prohibido, y podemos terminar por odiar en él lo que precisamente habíamos amado tanto. O bien, a medida que vayamos en búsqueda de lo que nos anima más esencialmente, nuestro deseo, nos desprenderemos del que vino a revelar nuestras pasiones secretas o nuestras heridas ignoradas. Tal mujer que tuvo una vida de abandono muy profunda pero que fue criada en una familia de apariencia completamente «normal», se puede casar con un «nacido x» para que él exprese en lugar de ella esa vida traumática de la cual ella no se puede liberar. Él será su estandarte de algún modo, y encarnará en su lugar esta vergüenza y este terror del abandono. Pero si se toma el tiempo de reconocer en ella este sufrimiento es posible que se lo quite, acercándose a ella misma, se alejará de esta vida por procuración que él le ofrece sin saberlo. Y este pacto, en una pareja, suele ser recíproco.

Pasó mucho tiempo hasta que este hombre pudo aceptar en análisis renunciar a su juguete —el mecenazgo de la danza y todo lo que él así dominaba— y liberar a la mujer que amaba, la bailarina tan locamente amada, de la terrible rivalidad que le provocaba subyugarla secretamente a sus propósitos. Fueron años de lucha y finalmente ella partió, dejándolo aturdido, habiendo comprendido al fin que todo lo que había creído hacer para ayudarla no hacía más que aniquilarla, a ella, y tenerla encerrada. La vida por procuración es una droga intensa.

Bisexualidades

La bisexualidad, ¡qué extraño asunto...! ¿Quién no estuvo alguna vez atraído por la belleza, la gracia o la fuerza de una persona del mismo sexo? Hoy los contornos de las identidades parecen más borrosos, ¿pero tiene eso un efecto en las prácticas de la sexualidad? Parecería que podemos responder que sí. Que entre la homosexualidad y la heterosexualidad las fronteras son más frágiles que antes y no obedecen más, sin duda, a las mismas prohibiciones, impedimentos, elección de objeto, trayectos pulsionales. Habría que, aún allí, volver sobre los pasos de Foucault para comprender lo que está en juego en las nuevas prácticas amorosas, y qué paradigmas cambiaron. E incluso entonces, haría falta toda la fineza de una larga experiencia clínica, pero también de los campos de poder del cuerpo social, para poder volver a trazar lo que se expresa en filigrana y más seguido que antes en las prácticas sexuales antaño juzgadas como desviadas. No es raro escuchar hoy a un adolescente hablar de su libido exacerbada, de su mal-estar, etc., ¿pero sí hay una cosa que no dirá fácilmente, y es lo que lo hizo pasar de un cuerpo de varón («Era mi amigo, y después fue un poco más lejos...») a una muchacha con la cual está listo para vivir, o bien, por el contrario, el hecho de que una muchacha haga el amor con sus amigas pero prefiere a los varones?

En la adolescencia, lo que se juega en el descubrimiento de la sexualidad (o su falta) no es solo las ganas, el problema procurado por el cuerpo del otro, sino en principio por su propio cuerpo, esta pulsionalidad que se despierta con tal fuerza que invade literalmente al sujeto a riesgo de debilitar sus defensas, es decir, eso que puede representarse de su identidad. Lo que llamamos amistad entonces moviliza toda la pasión del sujeto (pasión de saber, de percepción, de sensorialidad —desviada de la sexualidad pero a flor de piel, y pudiendo reintegrar de un golpe las zonas erógenas). Y suele suceder que con otro del mismo sexo la exploración de todas estas zonas pasionales y sensoriales se activan. Es frecuente que en este momento el problema encontrado por esta excitación del ser entero, que es también del orden del saber, donde soma y psique se confunden, repercute sobre lo que llamamos un poco rápido la «elección» del otro sexo —o del mismo sexo en ese momento. Quiero decir que este problema es de cierta manera del amor por derecho propio y que franquear la línea que separa la excitación emocional amistosa de la sexualidad, en este momento, es cada vez menos raro, o digamos más bien que es menos estigmatizada, menos transgresiva que antes. Toleramos mejor estos vaivenes y de golpe los adolescentes y post-adolescentes pueden instalarse, de cierto modo, a lo largo de estas fronteras que se mueven, sin por eso caer en una presunta «perversión» (querer «tener» los dos sexos, o el ser), ni renunciar a elegir un día poder instalarse más duraderamente en una relación con otro u otra, y formar, quién sabe, una familia.

Dormir con chicas cuando se es una chica de veinte años hoy ya no es más transgresivo, no es quizás más que aceptar el placer procurado mientras se tienen aún los cuentos de la infancia durmiendo en la repisa de su habitación de niña. Instalarse con una chica es otra cosa, ya que allí comienza la frontera siempre tan delicada entre elección privada y comunitarismo. Las comunidades homosexuales viven aún del recuerdo del tiempo donde estaba prohibido amar a un ser del mismo sexo abiertamente, cuando operaban como un intermediario entre la sociedad civil y el derecho privado del sujeto para proteger la vida privada, facilitar los encuentros, las relaciones en todos los niveles sociales, pero también defender el derecho de esa elección y las consecuencias tanto en el plano público como a nivel del derecho de familia, por ejemplo (ver la aventura de la Unión Civil). Ahora bien, estas comunidades son también celosas de sus prerrogativas y no se escapa tan fácilmente a las fronteras bastante brutas que ellas imponen a sus «sujetos», así como a sus codificaciones mínimas, no obstante están bien presentes para defender, así como también exigen. Pasar de un matrimonio a un amor clandestino después de hacer su *coming out* homosexual, muy bien, pero es de una vez por todas; mientras que pasearse de una orilla a la otra sin saber dónde fijarse, regresar a la elección anterior, eso está muy mal visto, dado que es la comunidad entera (homosexual o heterosexual) la que se encuentra amenazada en sus valores y probablemente en su función protectora. Igualmente para la mafia, se puede abandonarla pero no divertirse yendo y viniendo dentro y fuera de sus fronteras, excepto bajo amenaza de vida. Acá no estamos en Nápoles, la vida no está en juego; sin embargo, vejaciones, fenómenos de aislamiento, presión psicológica y rechazos, sí, son para temer. Entonces esos seres para los que la identidad sexual permanece indefinida, borrosa, lo decimos así por el momento, prefieren, más que herir a estas comunidades, mostrarse claramente en una, la heterosexualidad por ejemplo, y navegar clandestinamente en la otra, ya sea «pasando al acto» de vez en cuando, o sosteniendo una suerte de doble vida, por discreta que sea, fuera de miradas sospechosas.

La bisexualidad permanece como un campo de exploración inmenso para pensar, para interrogar. Conviene estar en la escucha con una fineza sin juzgar para que durante una confidencia, un llamado, esas preferencias secretas que puedan atarlo a usted de amor a un hombre y después a una mujer (o lo contrario) no sean de inmediato etiquetadas en la paleta de los vicios o de las perversiones ordinarias y puedan ser oídas de otro modo.

Partir. Volver, ficción y realidad

Sucede que nos separamos de una persona que amamos todavía. La separación está hecha, las cosas dichas, tratadas, y sin embargo una duda subsiste, mezclada con la culpa de haberse ido por un otro. ¿Hice bien? Pensamos en los niños, en el mal que les hacemos, nos acordamos de las cosas bellas, y en los brazos del amante con el que tuvimos (al final) el coraje de unirnos y a quien le decimos sí, pensamos en volver. Y este pensamiento es doloroso, insistente, irreflexivo. Sabemos de la evidencia de este amor y sin embargo la duda se insinúa cuando, en el pasado, la ruptura decidida por usted se vuelve casi un abandono, y usted empieza a soñar que el otro, el padre de su hijo, lo perdona, lo invita a volver. Es el síndrome de Eurídice. No hay que volver. Porque entonces... Volver es morir en sí mismo y ser doblemente infiel, a ese amor al que usted le dijo que sí, con todo su ser y con todo su cuerpo, y a ese pasado que usted va a querer resucitar a toda costa, mientras que tendría que ser inventado a secas, no buscarlo en el pasado precisamente, sino en un porvenir renovado. Ahora bien, es imposible porque usted está desgarrado.

La vuelta es casi siempre una ficción imposible, salvo si la partida no fuera más que un pretexto para decirle al otro: «Llevame, de hecho te esperaba». Y sin embargo la ilusión de una vuelta posible puede persistir mucho tiempo, depositada en nosotros como un sueño inicial, como si todo pudiera ser anulado, borrado y recogido en la palma de la mano. Es el espejismo de la familia —¿quién sabe? El eco de ese vientre primero que nos cobijó y que lo encontraríamos intacto en los rasgos de aquel o de aquella que amamos tanto —suerte de tierra prometida (que nos prometemos a nosotros encontrar). Y eso no funciona. Es una guerra íntima, un campo de batalla, esperas frustradas, un insaciable deseo de reconocimiento, resentimiento que explota por las tonterías cotidianas: «Vos no ves todo lo que yo hago por vos», «Encima te olvidaste...», etc., la letanía no termina. Ella es la espuma de esta espera indecible de un paraíso perdido, este *lost paradise* que no tiene otro nombre más que la infancia quizás, incluso cuando esta fue arruinada —es lo más inquietante.

Volver con el hombre que usted amó y que usted abandonó, es creer que se puede volver sobre nuestros pasos como si esos pasos no hubiesen franqueado irreversiblemente un espacio de vida que dice alguna cosa muy violenta sobre nosotros mismos y que preferiríamos sin dudas ignorar al mismo tiempo que lo vivimos.

La literatura es la mayor reserva de ese acto: la vuelta imposible. Y es ser fiel a su amor pasado el seguir adelante. Pero la nostalgia que lo acecha no está únicamente construida por la culpa, está hecha de una textura más íntima, más secreta, de fantasías y de sueños, de un pensamiento que corre bajo la superficie de nuestro pensamiento consciente como la sombra de este.

Frente a esta tentación de retorno, ¿qué puede el analista? Oír el sufrimiento del que titubea y duda, al borde de este retorno, en lágrimas, impaciente, ávida de una palabra que venga a retenerla y a calmarla, colmarla, hacerle olvidar todo. Y después está su hijo, que cada día le recuerda «la familia perdida» y ese sufrimiento al cual ella no sabe responder. La amante del padre nunca será otra madre, y el niño lo sabe. Una aliada a veces, una enemiga también, la que tomó el corazón del padre tan completamente que el niño no sabe muy bien el lugar que queda para él. Es necesario el tiempo en el que la palabra se desligue de la culpa (haya partido), de la espera (todo lo que quedó por decir, por confrontar, que jamás pudo ser dado) hasta que esa tentación de retorno se deposite allí, en el vacío de las sesiones como un imposible que también da vida. Que acuerde un espacio nuevo, intermediario. Pero de la analista no vendrá jamás la palabra esperada que diga sí, usted tiene razón o está equivocada. Ese retorno es en primer lugar un necesario retorno sobre sí, como una revolución, una re-vuelta, una vuelta sobre sí, donde eso que se desaprende es precisamente toda la certidumbre que teníamos de ser, de pensar, en las orillas seguras. Habrá que descender la rampa de una duda, ¡oh!, cuánto más vertiginosa, la que asegura el deseo.

La habitación de eco del análisis es un espacio que es difícil de sostener dado que toda certeza sobre su identidad íntima se ve amenazada, interrogada por una voz más sorda, impalpable, sibilina que se expresa en vacío, en los silencios, los actos fallidos, las cóleras, los olvidos de las citas, voz que se encontraba amordazada, impedida durante mucho tiempo y que encuentra en esta acogida (la escucha que se dice flotante del analista) materia para cristalizarse, para reaccionar químicamente casi y desde el mismo momento en que aparece, para hacerse oír, voz del sujeto y de ese otro que está allí, a menudo silencioso pero no siempre, abriendo una amplitud razonada a ese eco afiebrado de su amor.

El evento del amor

El evento: lo que llega.

¿Podemos pensar lo que llega en el instante mismo en que se despliega, en usted y en su exterior?

Dos eventos presiden la vida humana, impensados: el nacimiento y la muerte. Del nacimiento, ninguna consciencia subsiste salvo el despertar mismo del pensamiento, pero sin memoria. De la muerte —si podemos estar lúcidos hasta ahí—, en el instante donde ella se resuelve en nosotros, el evento se nos escapa; tiene lugar y no estamos más.

Pensar el evento es pensar el pasaje de la potencia al acto, según Aristóteles. *How does it happen?* ¿Cómo se realiza el evento? «Imaginen un rinoceronte en esta aula —decía Russell a sus estudiantes—. Esta idealidad ¿tiene verdaderamente menos de realidad que nuestros cuerpos mismos? Lo que el lenguaje puede materializar delante de nuestros ojos y para nosotros ¿es suficiente para hacer el evento?». Hoy, todo apuntaría a pensar esto, en efecto. ¿Qué relación con el amor? El amor es el evento mismo —su esencia más inconfesable—. ¿Es él también un puro efecto de lenguaje?

El evento es la condición para que algo sea pensado: existe. Un evento no se reduce a un único hecho accidental, del tipo «un hombre se enamora», o bien a un valor matemático, al tiempo que dura, a un sueño. No puede volver y no puede cambiar. El cambio supone una permanencia del sujeto, un sustrato. Ahora bien, el evento no cambia, pasa. El evento es un concepto realizado, suerte de ovni para la filosofía ya que no es ni una sustancia ni un sujeto. Llega, es todo.

El evento es un objeto fluyente que tiene por única propiedad llegar y dejar un rastro. Un evento es inaugural, es una suerte de conversión. La conversión de Agustín en el fondo de un jardín en Italia, por ejemplo, cuando la gracia lo fulmina. Pensar el evento es pensar lo que en el interior de un protocolo no debería llegar pero sin embargo llega; es lo que hace sensación, es decir lo que nos toca esencialmente. Organizar un evento es como planificar un encuentro, sabiendo que todo pasará sin dudas de otra forma que lo previsto. ¿Cómo pensar lo irreparable? ¿Cómo recibir el evento sin impedirlo de antemano a tal punto que se congele, se fije, para que tenga la gracia y lo repentino en el intercambio? ¿Todo evento es amoroso? ¿Nos prepara para un encuentro, para esta conmoción con el otro donde se entrelazan nuestras posibilidades de ser?

El evento es soportable solo porque hace sentido. Para Hegel, lo que llamamos evento no es la ocurrencia de algo en alguna parte, sino la irrupción siempre decisiva e imprevisible para el pensamiento de un cambio real al cual la cultura del tiempo asigna un sentido digno de transformarla de vuelta. La necesidad de dar sentido que tenemos es nuestro «horizonte interpretativo», diría Ricœur, es importante pensarlo porque es él de vuelta el que alimentará nuestra aptitud para pensar lo nuevo. Si no, nos arriesgamos a replegarnos sobre una lógica neurótica tranquilizante (pensar el porvenir a partir solo de los datos del pasado) e interpretaremos falsos eventos, nos embriagaremos con dramaturgias vacías destinadas a deslumbrar y crearemos nuevos protocolos para protegernos del estupor.

El pensamiento del evento es peligroso: heroísmo, dramatización, reverberación mediática. Es un malentendido (casi siempre). El evento está del lado del casi-nada, de lo ínfimo, del *I'd rather not to* de Bartleby que desplaza un mundo con dos, tres palabras. Es un punto de resistencia extrema al real con tres guijarros, dos sílabas. Habría que pensar el evento como advenimiento, nacimiento, en sus comienzos casi inaudibles. Yo te veo, te reconozco, te toco, y el amor se condensa a una velocidad fulgurante en estas dos, tres distancias, mi mano, tu gesto, tu respuesta desfasada algunos segundos por la emoción, ese silencio posado a través de nuestros cuerpos como una prohibición de ir más lejos. El amor es ese evento que nos hace capaces de transportarnos en el otro, desertarnos para elegir al adversario contra sí. El amor es a pesar de la violencia, de la torpeza, del estilo, de las ganas, del sueño, él está constantemente a contra-tiempo. Está en el rapto y en el desprecio, una desapropiación de sí, un repudio. Ignoramos lo que quiméricamente se imprime en nosotros desde las primeras horas de vida y que resurgirá en tal o cual apego a un cierto color de piel, un cierto olor, hacia ese gesto, ese desparpajo, ese acento, ese movimiento de caderas apenas marcado, ese espacio entre las palabras. Ignoramos casi todo. Pero, en esta ignorancia, hay un genio. Hay de la ultratumba, del entre-sueño, es decir una orilla que se extiende mucho más allá de «mí mismo» y anticipa para nosotros las batallas por venir, se rinde antes de haber combatido. El amor como evento tomado entre dos *happenings*: desaparición-aparición: el nacimiento, la muerte. Lo inaudito, es la audición del recién nacido, es el aire que entra en sus pulmones tan jóvenes, y esa libertad que infunde todo su ser con la primera angustia: estar solo. ¿Es a este precio que somos libres?

Todo evento es amoroso. Y así peligroso, imprevisible, incontrolable, asocial. El antes/después creado por esta ruptura es traumático, más que una experiencia, sujeto disuelto como *brûlé*, sin gran dramaturgia, solo una disidencia. Algo que no cicatriza. Hay fervor. Inquietud. El evento es retomado por la memoria, se alisa, vuelve en el oleaje de la historia. Pero el punto de impacto en nosotros permanece, irresolución originaria. Bordes no cicatrizados. Nacimiento y muerte. Este nombre del amor.

¿Cómo hablar del amor, de esta locura y de estos silencios? ¿Cuál es este vínculo cuya naturaleza secreta es anudar un pacto imposible, pronunciar un juramento ya liberado de su promesa? Venimos del dos. De un vientre, de un soplo, de una palabra, de emociones que se suceden, de movimientos íntimos, y nacemos a la soledad. Rodeados, llevados, pero solos. La melancolía que nos habita a todos viene de esta separación inicial, impensable, este desgarro tiene un resto en nosotros, incomenzado. Una suerte de accidente radical que nos hace buscar en el interior del amor la reminiscencia de ese espacio matricial primero, ese refugio absoluto donde «yo» no existía aún. Esa búsqueda es estéril, incapaz de los juegos de erotismo donde la diferencia despliega sus brillos. El exilio no es más que una repetición de esta primera experiencia fundacional que olvidamos. Y la nostalgia que la acompaña. Había una vez... En los cuentos, hay que enfrentar los peligros para que al fin la metamorfosis libere al príncipe de sus trajes de rana o de gato. El castillo dormido se despierta y con él sus habitantes, la princesa dormida vuelve en sí y la maldición desaparece... Decimos, es la vida. De traducciones en traducciones, la lengua primera se pierde y buscamos siempre volver a encontrar la resonancia de su pronunciación en nosotros.

«¿Qué quiere usted de mí?» es nuestro rezo de niños. Renovado más tarde a los muertos, después a los vivos. La ignorancia que viene de nuestros orígenes, de lo que fue dicho, silenciosamente o tal vez ignorado, trama en nosotros territorios secretos. Tiempo robado que le debemos al otro, de atención, de extremo cuidado, de ayuda. Una bolsa de tiempo para la resistencia, pese a sí mismo —contra la influencia. Cuando poder separar lo tuyo de lo mío es una cuestión de supervivencia.

En caso de amor: ¿qué hacer? Eje alrededor del cual gira la vida: amar, ser amado. Con todas sus declinaciones: reconocimiento, miedo a ser abandonado, mordedura de la celosía, deseo de posesión, ganas, alivio, odio, indiferencia, paz. ¿Es por haber sido llevados en un vientre que nos rendimos así a merced de ese sentimiento inconsciente y salvaje por el cual estamos listos a abdicar de todo el resto? Nuestros secretos tienen por eje este amor. La desgracia es todo lo que queremos hacer entrar en una vida, y conciliar pasión, amor y paz como si la violencia fuera un puro accidente, la fragilidad un error y el tedio un hándicap pasajero. Pero el secreto que porta el nombre del amor es como la impresión de nuestro propio nombre, su doble silencioso, su coartada. Haber sido llevados por una madre es haber conocido el movimiento, la fragilidad, la voz, la textura misma de un otro más interior a sí mismo que el sí mismo, «doble silencioso» de nuestro propio sí mismo.

Filosofar es darle hospitalidad al pensamiento. Ahora bien, darle hospitalidad es hacer violencia contra sí, abrirse a lo que en nosotros no es nosotros sino relevo de una universalidad (la primera es la lengua, sin la cual el sujeto está loco, literalmente privado del acceso al yo [*je*], sustrato universal por excelencia). Esta abertura es un *thaumazein*, decía Aristóteles. Un síntoma para el psicoanálisis. La desesperanza, el asombro, la duda, son tantos nombres que ponen en danza al pensamiento. Lo que conduce a un paciente al diván de un analista es lo a priori sin lo cual el pensamiento no comienza. Un temblor profundo del ser y una toma de distancia. Y el evento del amor.

Dar hospitalidad al pensamiento, es decir, lo que es el pensamiento que vive en nosotros y no a la inversa. Aquí no hay un sujeto feliz sino un pensamiento sin sujeto que encuentra el mundo. Está a nuestro cargo darle hospitalidad o no. Para Sócrates, las ideas verdaderas son «sin sujeto», sin intimidad, sin pequeño ego sufriente de los males de su época, sin caja negra, el pensamiento se abre sobre el universal común. Y si la pasión es el craquelado del yo [*moi*] sobre un bello cuerpo, el acoplamiento alado no avanza más. El desmembramiento le sienta mal a la universalidad.

Kierkegaard siempre tuvo una consciencia aguda de la necesidad para el filósofo del pensar retirado, no en relación con la existencia, ni siquiera con el saber empírico, sino retirado de la ilusión estética que mantiene la inmediatez con el conocimiento. Si el alma se aparta de lo temporal, no es para escapar de lo subjetivo, sino para experimentarlo hasta sus límites. «Solo el horror que se acerca a la desesperanza desarrolla en el hombre sus fuerzas más grandes», escribe Kierkegaard.

No hay dos personajes en sí mismos que se disputen el campo de nuestras pasiones, la consciencia y el inconsciente figurándose acá como enemigos empedernidos, donde el cuerpo sería el lugar de las últimas batallas. El campo de nuestras fuerzas psíquicas sería más bien una foliación muy sutil o digamos, en términos más deleuzianos, un territorio donde ciertas zonas se cortan, se vuelven a juntar, son suprimidas, fuera de alcance —hay múltiples pasajes y múltiples voces de resistencia también—. Estamos en el balbuceo de este conocimiento, pero lo que nos es dado para percibir, recibir, aprehender pese a todo, es la extraordinaria sutileza de las reglas del juego, la plasticidad de esos territorios, de ese tan fino hojaldrado. Que una parte de nosotros mismos no quiera saber nada de nuestro deseo, de eso no hay, creo, ninguna duda. Admitir que la vida que vivimos es la que «queremos», aun cuando esta vida nos hace llorar y es también difícil, es tanto más tentador que pensar que las circunstancias exteriores, los azares de la buena o mala fortuna condujeron la mayor parte de su existencia. Pero cambien las circunstancias, el país, las costumbres, y verán que los mismos contornos de una misma vida se dibujan bajo sus ojos sorprendidos. Quiero decir que no se pliega tan fácilmente el deseo a la ley de la consciencia, porque la desborda ampliamente y es en el encuentro con el real (no la realidad) que se muestra un poco. Entonces, una vez más, ¿qué puede una cura de palabra contra la melancolía, las ganas de desaparecer de este mundo, la tristeza, el desamparo? Si el psicoanálisis es uno de los eventos posibles del amor, es en este sentido una suerte de revolución silenciosa, cuyo eje secreto es eso que se pasa de sin sentido entre dos personas que no se acariciarán jamás y que, solamente, se hablarán.

El evento del amor es una maquinaria sin objeto, que se refuerza cuando se pierde, se pierde cuando se cuida, escapa cuando se la posee, los desposee de todo aquello que poseían, lo que les da poder y lo que los desarma definitivamente. El evento del amor está presente en un análisis como un catalizador precioso, inevitable e imposible de sostener como de provocar. Solo puede «advenir» por su propio movimiento, y entonces poner en marcha tales fuerzas en cada uno de nosotros, que nos acostemos sobre el diván o solamente expuestos allí, frente al otro, imploremos ayuda, a la cual, por otro lado, no le creemos. ¿Qué puede una *talking cure* contra el delirio amoroso, el miedo a ser abandonado, las heridas de una infancia ultrajada, la celosía que los tortura? La palabra es del cuerpo, del cuerpo en bloque y en trozos, de los afectos, de segmentos de vida, de memoria, de las rayaduras en la superficie de las palabras, llenados como otros recuerdos. Me gusta la ignorancia del amor, su persistencia terrible a pesar de todo y su descenso ante la mínima cosa cuando ya está muerto. La palabra dirigida a un testigo acreditado de una comprensión mágica de su alma, que no fue por otro lado testigo de nada de lo que usted le hablará, testigo inútil, desfasado, ausente, testigo que no tiene otra estatura más que la de tener un lugar en el presente, allí, delante de usted que sufre y que sabrá mantener ese lugar indefectiblemente. Ese testigo no tiene más para ofrecerle que una escucha flotante, parcial, una escucha al filo de su propia experiencia, sufriente o desconocedora. Y el milagro es que, a veces, entre estos dos desconocimientos, la del sujeto sobre su propia historia, su deseo, las razones o las sinrazones de su amor, y la del analista, su ignorancia, su ausencia de entendimiento de esta historia —la que tuvo lugar en su vida—, se produzca un evento. Un evento que es del orden del amor (decimos transferencia, es más prudente), un evento que es un encuentro. De este desconocimiento nace un saber extraño, un saber «de antemano», que puede deshacer la fatalidad. ¡Qué milagro! Porque mientras que este saber surge, toma por sorpresa a los dos protagonistas de esta historia, de estas sesiones repetitivas, tediosas, terribles. Surge del interior de este pequeño cuarto oscuro donde se ocultaba en negativo y lo que revela (¿hay que creer que ya estaba contenido allí o en simple formación?) es una prefiguración del porvenir, del despliegue del ser en dirección al porvenir, de un porvenir que no será ya escrito por el miedo al pasado, por las faltas repetidas, por la esclavitud de los miedos en cadena y por los aislamientos diversos. Es una profecía íntima, dirigida a otro que la escucha, que escucha formarse ese tesoro muy simple y muy puro de una nueva palabra en un cuerpo liberado.

Índice

Prólogo, *por Sara Torres* 7
Enedeté (N. de T. / Notas de Traducción) 15

Mina Tahuer 23
Pensar la repetición 39
El amor el niño 48
«Ne me quitte pas» 63
El amor la guerra 75
Guardar el secreto 86
El amor la alegría 88
Un encuentro 91
Traiciones 104
Celosía 107
En caso de amor 116
El celular, una historia de adulterio 125
Hansel y Gretel 129
Fusión fría 140
Del amor y del deseo *(the devil in the box)* 142
Borde de Sena 148
El insomnio 161
La ciudad como territorio amoroso 164

Dépaysements	167
Una cuestión de hospitalidad	169
El pacto analítico	173
Saqueos, delirios y sueños en el país de las hadas	178
Estado maníaco	181
Las mujeres se casan también con su madre	187
La vida por procuración	189
Bisexualidades	195
Partir. Volver, ficción y realidad	199
El evento del amor	202

Equipo de traducción

Grupo de lectura y articulación conceptual
Amalia Federik
Luciana Grande
María Florencia Mammalucco
Fernanda Restivo
Nichu Salazar
Silvana Tagliaferro

Traducción al castellano
Jorge Luis Piovano
Nichu Salazar

Establecimiento del texto
Karina Macció
Fernanda Restivo

Con la colaboración de
Rym Tarfaya
Igor Peres